Manfred Jurgens

Mein Gestern

Erinnerungen an Flensburg

GEDICHTE

Die Deutsche Bibliothek - CIP-Einheitsaufnahme

Mein Gestern

Manfred Jurgensen

2009 erschienen im

Schleswiger Druck & Verlagshaus

Schleswig

ISBN 978-3-88242-190-3

Impressum

Gesamtherstellung:

Schleswiger Druck & Verlagshaus

Postfach 1209

24837 Schleswig

www.sdv-buchverlag.de

Printed in Germany

ISBN 978-3-88242-190-3

Manfred Jurgensen

Mein Gestern

Gedichte

Zeichnungen von
Günter Kunert

SCHLESWIGER DRUCK & VERLAGSHAUS

Für Hansjörg,
der gegangen und geblieben ist

Heimat,

was ist das? Ein begrenzter Lebenszirkel, dessen Grenzen man abgeschritten hat und genau kennt? Oder eine Fantasmagorie, gebildet aus Bruchstücken von Realität, ein Puzzle, zusammengesetzt zu einem irrealen Bild? Ein Ursprungsort, den man im fötalen Status innig erlebte? Eine Art Quell, aus dem man notfalls, also bei inneren Notfällen, einen Becher Trost schöpfen kann? Oder meint Heimat jene sich selbst nicht zu erkennen gebende Prägemaschine, von der man zugerichtet (und manchmal auch faktisch hingerichtet) wird?

Ist Heimat eine Plazenta, von der eine unzertrennliche, nahezu stählerne Nabelschnur zum eigenen Ich ausgeht? Ein Album voller angenehmer und hässlicher Bilder, darinnen der Verdrängungsmechanismus die Erbärmlichkeiten extrahiert oder sie, in besonderen Fällen, wild dominieren lässt?

Heimat ist vor allen Dingen ein Wort, das es nur im Deutschen gibt. Andere Völker sind besser dran; denn ihnen fehlt jener bedenkliche und gefährliche Begriff, mittels dessen geruhsam Mord und Totschlag sich zu vollziehen imstande sind. Und über jenes besagte Wort hinaus ist Heimat ein mehr oder minder fiktives Denkmal, auf dessen Sockel die eigene Person untergebracht ist. Aus dieser Sockelhöhe überblickt man seine diversen Lebensphasen, als sei man eine Schar ungleicher und doch identischer Figuren, die man mit Mitleid, Ärger, Unlust, Vergnügen, Abscheu und Zuneigung betrachtet. Und wenn man nun noch dazu auf dieser Beobachterposition des Schreibens kundig, des Alphabets mächtig ist, lässt es sich kaum verhindern, dass man seine Beobachtung des eigenen Selbst ins Wörtliche transformiert. Nicht anders ist es unserem Dichter Jurgensen ergangen. Nach langer Abwesenheit aus der oben erwähnten Heimat, ist diese zu ihm zurückgekehrt. Eine psycho-physiologische Tatsache: der Alternde, der Altgewordene, ausgerüstet mit dem berüchtigten Langzeitgedächtnis, begibt sich ins Kino seiner Vergangenheit, und, ohne Eintrittsgeld zu zahlen, sieht er sich den Film seiner Gewesenheit an: schließlich ist er ja der Star der verkopften Vorführung. Dabei nun ereignet sich etwas Merkwürdiges, was meinen Vergleich mit dem Kino und dem Film legitimiert. Man weiß zwar, was in jeder Szene sich ereignen wird, was jede Sequenz zu bieten hat - und dennoch ist einem, als sähe man diesen Streifen zum ersten Mal. Ein Moment der Verfremdung, wie er uns vor der Leinwand zustößt, regiert auch das Gedächtnis. Man fragt sich plötzlich: Ja, kann ich das wirklich gewesen sein, der da Unglück und frühes Leid erfahren musste, wer sind bloß diese Verwandten, von denen ich heute eigentlich gar nichts Näheres weiß, was habe ich getan, was unterlassen, wo geirrt, wo recht gehandelt? Und weil man Regisseur dieses selbstgeschaffenen Erinnerungswerkes ist, meint man, diesem Vorgestern nahe zu kommen, indem man es auf haltbarem Material, diesenfalls Papier, fixiert.

Wir lesen die Gedichte von Jurgensen mit den Augen des Publikums in der ersten Reihe, und wir – auch das wie im Kino – leben mit der Hauptfigur mit, weil sie wenig anders als andere Menschen ist, denen wir im Alltag begegnen. Es ist natürlich ein autobiographischer Film (in Versen), wie könnte es anders sein; denn wer schreibt, schreibt immer über sich, selbst wenn er sich dabei maskiert oder eine Distanz vorzugeben scheint. Schreiben ist doch nichts anderes als Erinnern, beginnend mit der erlernten Syntax, mit dem im Hinterkopf paraten Vokabular, und endend mit dem archäologischen Befund in literarischer Form. Nun will ja eine Sentenz wissen, Schreiben bedeute Gerichtstag halten über sich selber, was, wie ich vermute, nur bedingt stimmt. Denn in eigener Sache sind wir milde Richter, unsere Urteile, manchmal markig, sind doch niemals Todesurteile. Aber wir stellen uns bloß – bis zu einem gewissen Grade. Wir lüften die Decke über unserer Existenz, ohne viel Hoffnung, Gleichgeartete zu finden. Dann jedoch geschieht hin und wieder etwas Verwunderliches: was wir vorführen, findet Interesse, ja, Aufmerksamkeit und Verständnis. Diese Freiheit möge auch den Gedichten von Jurgensen zuteil werden.

Günter Kunert
11. Oktober 2008

Laßt uns teilen, was wir haben:
Nektar für die hohlen Waben.

Flensburger Gedichte

Nach Flensburg?
Was sollte man da eigentlich?

Rolf Heinrich Wecken,
Flensburg. Tor zum Norden

Wir sehen eine Stadt,
die bedeutend genug war,
daß sich ein Kampf um sie lohnte . . .

Fritz Fuglsang,
Flensburg. Kunst und Geschichte

Rückkehr nach Flensburg

Ich hatte meine Kindheit nicht geträumt.
Ihr Modell steht im Museumskasten.
Puzzlesteine aus Papier, die paßten.
Kein Wärter hat die Jahre weggeräumt.

Die Welt ist klein und sauber wie zuvor.
In der Mitte hängt die Fördezunge.
Und weiter oben steht das Nordertor.
Und ganz hinten steht ein kleiner Junge.

Ich weiß nicht, ob er dort auch hingehört.
Er ist nicht viel mehr als ein Körnchen Sand.
Wie schön doch ist die Stadt! Eigentlich stört
da nur das Kind. Ich blas es an den Rand.

Aber ganz will es nicht aus dem Rahmen.
Es hängt wie ein Fetzen an der Klebe,
wie ein Löschblatt-Schnitzel oder Samen.
Warum scheint es mir als ob es lebe?

Ein Schild verkündet *Montags Eintritt frei.*
Ich seh den Kasten, in dem ich spielte,
Steine, mit denen man auf mich zielte,
und weiß erst jetzt: ich war niemals dabei.

Linie Eins

In wildem pubertären Größenwahn
erfand ich, daß wir uns finden,
eine Endstation-Sehnsucht-Straßenbahn
für die Tauben und die Blinden.

Ich weiß noch, wir stiegen gemeinsam ein.
Im Wagen war es seltsam still.
Wir hielten Hände. Dann war ich allein.
Der Schaffner kam. „Wohin ich will?"

Ich sagte ihm nicht, ich wollte bleiben,
nahm seine Karte und schaute
mit den andern durch die Fensterscheiben
als ob ich der Fahrt nicht traute.

Gib es zu, daß wir fast glücklich waren.
Es gab keine Haltestellen.
Wir müßten nur immer weiterfahren,
uns treiben lassen wie Wellen.

Wo du gestanden hast, steht jetzt ein Kind.
Ich wußte nicht mehr wo ich war,
ich wußte nur, daß wir gestorben sind,
und unser Tod war wunderbar.

Fahrt ins Glück

Verglichen mit der *Titanic* oder *Queen Mary*
war sie klein, verläßlich und gutbürgerlich.
Sonntags kamen Petuh-Tanten und tranken Sherry.
Auf der Fahrt nach Glücksburg sprach man An-und-für-sich.

Es wurde viel gestritten, geredet und gelacht.
Man las die Zeitung und sonnte sich auf Deck.
Die Wahl der Unterhaltung wurde nicht leicht gemacht:
Saß man am Bug oder füttert Möwen am Heck?

Unten im Salon schwatzen betuliche Damen,
die irgendwie, auf wundersame Weise,
zu dickleibig betuchten Ehemännern kamen.
Sie reden laut, dann werden sie wieder leise:

„Meine Liebe, haben Sie das wirklich nicht gewußt?"
Der Steuermann lehrt die Kinder einen Trick.
Ein alter Nazi grölt und schlägt sich stolz an die Brust.
Die Herren diskutieren hohe Politik.

Man passiert die Ochseninseln. „Es ist bald soweit."
Die lange Anlegebrücke kommt in Sicht.
„Es ist schon wahr; auf der Alex vergißt man die Zeit!"
„Reinstes Kaiserwetter!" „Ach, sagen Sie das nicht."

Sommernachtstaufe im Neptunbrunnen

Es war als hätte Gott die alten
teuren Sünden der Natur verziehn.
Für eine Nacht ließ er uns walten
zwischen Nordermarkt und St. Marien.

Der Brunnen rief. Wir waren bereit
und stiegen in das kalte Becken.
Jede Berührung war Seligkeit,
jeder Kuß ein feuriger Schrecken.

Nackt umarmten wir den scharfen Spieß
und traten Wasser im schönsten Tanz.
Du wußtest nicht einmal wie ich hieß.
Wir tranken uns selbst und waren ganz.

Der Mond schien auf deine heiße Haut.
Wir nahmen ihn in unsre Mitte.
Von deinen Lippen kam kein Laut.
Der Tanz schenkte uns seine Schritte.

Was du geschenkt, hab ich vergeben.
Ich bin sicher, Gott hat uns verziehn.
Er gab uns das ewige Leben
zwischen Nordermarkt und St. Marien.

Konjunktur

Bemalte Frauen, offene Fenster,
halbnackte Brüste, Huren-Gespenster.
„Komm, Kleiner, mach mal deine Augen auf!"
Mit vierzehn ein erster Spießrutenlauf.

Doch einmal im Monat da kommen sie
allein in die Reichsadler Drogerie,
kaufen Männerschutz und Vogelfutter,
klatschen und reden mit seiner Mutter.

Sie sprechen von geschäftlichem Wandel,
den schweren Zeiten im Einzelhandel.
Die vollbusige Gerda steht und raucht.
„Wer wird denn schon so oft wie wir gebraucht."

Sie bläst Ringe und fährt fort zu klagen:
„Nix is mehr wie in den alten Tagen.
Es kommen ja auch keine Schiffe mehr.
Sehn Sie, bei Ihnen isses auch fast leer."

Der Junge lauscht und beobachtet sie.
„Ich nehm dann doch noch 'ne *Soir de Paris*."
Sie schmeißt einen Schein auf den Ladentisch.
Der Junge starrt auf den schmutzigen Wisch.

Dann geht sie. Seine Mutter im Kittel
wäscht ihre Hände mit einem Mittel.
Der tiefe Ekel steht ihr im Gesicht.
Der Junge sieht es, doch begreift es nicht.

Die ganze Nacht muß er daran denken.
Man kann die Ware doch nicht verschenken!
Am Morgen gibt er in der Schule an:
„Wißt Ihr was 'ne Nutte verdienen kann?"

Höfische Kultur

Freunde und Bürger, laßt euch loben!
Der Große Coup ist euch gelungen:
Eine Revolution von oben!
Habt ihr die Marseillaise gesungen?

Der Holm, die Große, Norderstraße
in aufgetakelter Herrlichkeit!
Hinterhäuser aus vergangner Zeit
diktieren modisch neue Maße!

Ein Residenzbordell restauriert
mit Seemannsgarn und Sex-Nostalgie
ist so rein, daß man sich fast geniert:
So sittsam war es doch früher nie!

Ich hör ihr habt ein Rathaus gebaut
(das alte war wohl nicht zu retten),
in das sich jetzt kein Flensburger traut.
Man vergaß beim Bau die Toiletten.

Doch im städtischen Interesse
wischte man bald das peinlich heiße
Thema vom Tisch. Die Tagespresse
jubelte: „STADTRAT OHNE SCHEISSE!"

Stadt-Marathon

Hab ich gewonnen was ich verlor
oder mich selber vergessen?
Läßt sich unser Leben messen
zwischen Südermarkt und Nordertor?

Es ist wieder alles wie zuvor.
Was ist dieses Dauerrennen,
in dem wir uns neu erkennen
zwischen Südermarkt und Nordertor?

Es war erst gestern, daß ich mir schwor,
ich laufe nicht um die Wette.
Heut reichst du mir die Stafette
zwischen Südermarkt und Nordertor.

Hab ich verloren was ich gewann
in unsrem Lebensmarathon?
Liefen wir uns nicht selber davon
zwischen Südermarkt und Nordertor?

Aufklärung im Heilig-Geist-Gang

Weil sich drei Kirchen dort geeinigt haben,
residiert der Heilige Geist
zwischen Große Straße und Nordergraben.
Über den Gotteshäusern kreist
die neue Dreieinigkeit als Sakrament,
lutherisch, dänisch, katholisch,
ein Glaubensbekenntnis aus Stein und Zement
so zweckmäßig wie symbolisch.
Der Zollberg blickt auf die Geisterschau herab,
das Museum kann es nicht sehn,
das Theater verfälscht die Szene zum Grab,
Stufen warnen *Nicht weitergehn!*
Ich muß mich vorsichtig vorübertasten,
vorbei an der letzten Brechung.
Hinten an der Backsteinwand hängt ein Kasten
katholischer Filmbesprechung.
Die konsumiere ich ganz unverhohlen,
denn die Kirche hat immer recht.
Ich liebe grundsätzlich, was nicht empfohlen
und finde das Wertvolle schlecht.
Das elfte Gebot wurde „Jugendverbot".
Wie verbietet man die Jugend?
Die Welt ist schamlos. Nur ich werde nicht rot.
Enthaltung ist keine Tugend.
Weiße Sklavinnen für Tanger: „Purer Schmutz!"
(Und wenn schon! Ich hab's genossen,
nahm den widersprüchlich reinen Schmutz in Schutz.
Es wurde keinmal geschossen,
dafür sah man viel Haut und weiße Wäsche.)
Weiter unten war das Central.

Das zeigte schöne Heimatfilme, fesche
Dirndl. Denen war es egal,
wie lebensecht empfehlenswert sie waren.
Nichts geht mehr im Heilig-Geist-Gang.
Es ist noch immer das alte Gebaren.
Bild und Welt, jahrhundertelang.
Rechts die Kirchen, links alles, was uns gefällt.
Wer soll denn wen überwinden?
Auch die Gläubigen sind doch nur vorgestellt.
Sie müssen sich selbst erfinden.

Liebeserklärung an die Flensburger

Gebt zu: aus Angst, daß hier noch was passiert
erfandet ihr euren Lebensstil.
Gebt zu: ihr habt euch selber inszeniert
als wäre die Welt ein Laienspiel.

Es stimmt schon: Reden ist eure Sache.
Jeder erfindet sich, wenn er spricht.
Ich höre euch gern zu. Wenn ich lache,
verzeiht mir, denn weinen will ich nicht.

Euer Schnacken, Klönen, Petuhieren –
ich kann mir denken, woher es kam.
Warum solltet ihr euch auch genieren?
Euer Witz ist umgekehrte Scham.

Wie ich es liebe, das Spröde, Herbe,
hinter der sich Zärtlichkeit versteckt!
Ich hör in euch das Sperrige, Derbe
als hättet ihr mich wiederentdeckt.

Die deutsch-dänische Grenze

„Denn alles hat seine Grenzen!"
schimpfte und fluchte der Opa.
„Ich zeige dir Schuleschwänzen!"
Ich kam nach Haus. Nur er war da.

Darauf wurde ich geschlagen,
wütend und heftig bis aufs Blut.
Ich konnte, wollte nichts sagen,
tief erschrocken vor seiner Wut.

Unser Lehrer war gestorben.
Drum durften wir nach Hause gehn.
Jetzt war auch sein Tod verdorben.
Ich versuchte wieder zu stehn.

Opa trug die gelbe Jacke,
Uniform „einer bess'ren Zeit",
die senffarbene Schlacke
aus alter Hitler-Seligkeit.

Ich entkam über die Grenze.
In den Armen einer Dänin
lernte ich dänische Tänze
und mußte mich nicht mehr schämen.

Ich hab' den Tag nicht vergessen,
an dem sie mich lieben lehrte.
Wir haben uns selbst gegessen.
Sie schrie, als ich sie verzehrte.

Wir leckten das Blut der Wunden
und füllten das Herz mit Sehnen.
Wir hatten Frieden gefunden.
Mein Großvater haßte Dänen.

Flensburg: Bild einer Stadt

„Gerecht und metich altidt sin
Mit Godes Hülp bringt grodt Gewin."

Flensburger Stadtwappen von 1603

Fuhren Pferdewagen der Deutschen Post
damals wirklich noch durch das Nordertor,
ein gelbes Fuhrwerk gezogen von Rost,
alt und brüchig, das fast ein Rad verlor?

Hoch auf dem gelben Wagen sitzt ein Mann
mit einem eigenartigen Gesicht.
Daß er gern Lieder singt, sieht man ihm an,
doch was er sonst so macht, das weiß ich nicht.

Ich sah ihn auf einem Flensburger Buch.
Auch das war alt, doch aus gutem Papier.
Es hatte einen seltsamen Geruch.
Das schöne Geschenk gehörte nicht mir.

Die Uhr zeigt dreizehn Minuten vor elf,
und das ist sie bis heute geblieben.
Ich mußte verreisen. Da schlug es zwölf.
Ich hab aus Amerika geschrieben.

Der Kutscher ist wohl weitergefahren –
doch wie fährt man aus einem alten Bild?
Links spielen Kinder, wie sie damals waren,
gehorsam, streng erzogen und doch wild.

Jungs und Mädchen an einem kleinen Baum
als hätten sie ihn grade begossen.
Wohnt jemand im Tor? Ich glaube es kaum,
denn alle Fenster sind festgeschlossen.

Lang hab ich dies Bild in mir getragen,
obwohl es mir nicht ganz geheuer scheint.
Welchen Fotografen kann ich fragen,
ob es gestellt war und was war gemeint?

Wie verlogen ist solches Getue!
Es ist mein Lebensbild, das mich so rührt.
Die Postkutsche gibt mir keine Ruhe.
Ich weiß genau, wohin die Reise führt.

Das Gedicht nimmt Bezug auf den Bildband
Flensburg. Bild einer Stadt,
Christian Wolff, Flensburg 1954,
das dem 16-jährigen Autor „zur Erinnerung an den Schüler-Austausch USA-Stadt Flensburg 1956"
vom damaligen Stadtpräsidenten und Oberbürgermeister überreicht wurde.

Geisterstadt

Unvergessen: die Tage ohne Licht.
Die Kirchturmuhr zeigt keine Zeit.
Der Gang zur Schule. Allein ging man nicht.
Ein Vierteljahr in Dunkelheit.

Klirrende Kälte und Dauerregen.
Das Hochwasser steigt und schwillt den Hafen.
Ungeschirmt trat man der Nacht entgegen.
Das Nebelhorn ließ niemanden schlafen.

Erstickt in dämmrigen Tagesnächten
blieben Laute der Gegenwart verstummt
als versteckten sich die Ungerechten
vor sich selber. Das Böse ging vermummt.

Neonfarben laufen aus und sterben.
Die Straßen wissen nicht, wohin sie gehn.
Stunden schlagen. Alles ist Verderben.
Ich bin hier. Warum kann ich mich nicht sehn?

Die große Welt

Samstag abends kommen sie heraus,
große Sterne in der kleinen Stadt.
Sie bringen die Welt ins Deutsche Haus
und wissen, was es geschlagen hat.

Gegen elf erlöscht ihre Flamme,
doch sie tragen noch das Glitzerkleid.
Manche verteilen Autogramme
als täten ihnen die Leute leid.

Später im lokalen Nachtrevier
nehmen sie noch etwas zu essen.
Ein Star fragt beim Wein: „Wo sind wir hier?
Ich hab es schon wieder vergessen."

Provinz

Irgendein Landkreis irgendwo,
da warst du geboren
als wäre es ein Quidproquo
für was du verloren.

Alles war einfach, alles klein.
Hier solltest du leben.
Das Leben dürfte einfach sein.
Was könnt es noch geben?

Warum gingst du dann fort von hier?
Es war doch alles da.
Du dachtest, es gibt mehr von mir
für das, was noch nicht war.

Du warst in dieses Land verliebt,
fandst es nicht leicht zu gehn,
dachtest, daß man sich selbst vergibt
als gäb's ein Wiedersehn.

Doch du kamst nicht wieder zurück.
Du lebtest anderswo.
Im Anderswo fandst du dein Glück
als wär's ein Quidproquo.

„Germany Calling" oder Die Moritat von Lord Haw-Haw

The man who was born American, lived a German, and died a British traitor will at the end become what he really was all along – an Irishman from Connemara.

Ludovic Kennedy, 1975

Kommt näher heran, hört die Geschichte
von William Joyce, Goebbels Medien-Star.
(Ich erzähle gern bevor ich richte.)

Er hatte Erfahrung wie schlecht es war,
kein Freund von Hitlers Großdeutschland zu sein.
Er sprach aus einem Hamburger Sender.
Ganz England schaltete sich täglich ein.
Sein Programm war ein Adventskalender,
in dem Verlust Gewinn simulierte.
Nicht ganz unerwartet hörte das auf,
als Dönitz endlich kapitulierte.
(Ihr wißt, wo. Seid stolz oder nehmt's in Kauf!)

Denn dieser internationale Mann
war irisch, amerikanisch, britisch –
und einiges mehr. Auf einmal gewann
der Führer nicht mehr. Es wurde kritisch.

Joyce floh wie Dönitz in die eine Stadt,
in der es sich kurzfristig leben ließ.
Er sprach Deutsch, konnte sogar etwas Platt.

Hier wußte niemand, wie er wirklich hieß.
Wie so viele, die nach Flensburg kamen,
verletzte, verkleidete Soldaten,
änderte er erstmal seinen Namen.
Er mietete eine von den Katen
in Kupfermühles Christiangang und
fing an, sich Wilhelm Hansen zu nennen.
Die Nachbarn mochten ihn nicht ohne Grund.
Er gab sich niemandem zu erkennen.

Mai fünfundvierzig wohnte es sich gut
in einer Idylle. Wassersleben
schien seine Rettung. Er blieb auf der Hut,
fest entschlossen, sich nicht zu ergeben.

Am Ufer der Förde, unter Buchen
und Eichen, in frühsommerlicher Luft,
wird ihn so leicht wohl kaum jemand suchen.
Er atmet den würzigen Waldesduft,
erinnert sich täglich: Ich bin nicht ich,
sondern ein andrer! Leutselig spricht er
mit Fremden, macht sich ein wenig wichtig
vor ihnen. Er ist Botaniker. Wer
will, kann viel über Natur erfahren –
wie man das Alter von Bäumen bestimmt,
Baumstammringe als Maßstab von Jahren,
oder wie man vom Holz Ableger nimmt.

Er spricht mit deutlich irischem Akzent.
Gleichwohl kann er das Reden nicht lassen.
Das Wort enthüllt, wo es sich selbst bekennt.
So läßt er sich eines Tages fassen.

Ein deutsch-jüdischer Soldat kam vorbei.
Er wollte Brennholz sammeln, gehörte
zur britischen Militärpolizei
und bemerkte etwas, das ihn störte.

Im September vor Old Bailey gestellt,
verhielt sich der Angeklagte gefaßt.
Das Hochverratsurteil wurde gefällt.
Tausendfach belächelt und tief verhaßt
als redseliger Nazi-Verräter,
fragte er kein einziges Mal: Warum?
Einst machte das Reden ihn zum Täter,
jetzt blieb er bis zu seinem Ende stumm.
Er überantwortete sich dem Henker
als wär's ein stillschweigendes Bekenntnis.
Bis zuletzt las er klassische Denker.

Der Tod war das letzte Mißverständnis,
alles menschliche Streben vergebens.
Seine Zeit war um. Er sollte sterben.
Der Showman eines früheren Lebens
mußte nicht länger für sich selbst werben.
Es war nicht wichtig, wer er wirklich war.
Die begrabne Leiche blieb verschwunden.
Der hingerichtete Radio-Star
wurde fast nicht wieder aufgefunden.
Doch schließlich tauchte er in Irland auf
und wurde prompt mit Ehren begraben.
So nimmt das Leben im Tod seinen Lauf.
(Sind's nur die Iren, die Humor haben?)

Das Gericht war übrigens illegal.
William Joyce war nämlich gar kein Brite.

Aber das war den Juristen egal.
Man wollte ihn nicht in ihrer Mitte.

Warum wurde Joyce „Lord Haw-Haw" genannt?
Germany Calling war anfangs beliebt,
seine Sendungen weit und breit bekannt.
Man tat als wollte man, daß es ihn gibt.
„Goebbels Nazi-Clown, dem die Welt gehört",
verspotteten sie am Mikrofon.
Später wurde man zunehmend empört.
Doch was machten seine Dummheiten schon?
Glaubte er selber, was er da sagte?
War es sein Ernst, oder machte er Spaß?
Man wußte es nicht, weil keiner fragte
und er ganz allein im Studio saß.

Nur Hanseaten in Deutschland dachten,
mit dem „Haw-Haw" sei wohl Hamburg gemeint,
womit sie sich prompt lächerlich machten.
(Die Sprache bekräftigt, was sie verneint.)

Die Moral? (Es muß doch eine geben!)
Geht nicht in den Wald von Wassersleben.
Für ideologische Abenteuer
war es in Flensburg noch nie geheuer.
Hier hat kein Mai Revolution gebracht.
Hier kapitulierten Wahnsinn und Macht.
Hier hat das Verbrechen aufgegeben.
Warum? – Hier wollten die Menschen leben.

Oh, dröge, vernünftige Menschenstadt,
du wahre Muttersprache, Hoch und Platt!

Wolltest du mir doch noch eines schenken,
magst du der Opfer in Stein gedenken –
ein Grabmal für den Unbekannten Sinn,
der uns erfüllt bei jedem Neubeginn.
Vielleicht gibt es ja den Trost der Vernunft:
das Sterben der ewigen Wiederkunft.

Eine altmodische Idee, ich weiß.
Dank, daß ihr mich aufnahmt in euren Kreis!
Bitte, reicht nicht den alten Hut herum.
Ihr wart euer eigenes Publikum.

William Joyce (1906-1946)

Weitere Angaben zum Fall
William Joyce/"Lord Haw-Haw"
vgl. Mary Kennys Biographie Germany Calling,
Dublin 2003.

Marienhölzung

1945

Mit fünf sah ich einen Soldaten.
Er lag unter Brombeerzweigen
als wollte er sich nicht zeigen.
Ich war vom Wege abgeraten
und hatte Angst. Wo kam der Mann her?
Die Fliegen aßen sein Gesicht.
Die tote Haut merkte es nicht.
Neben ihm lag ein kurzes Gewehr.

Mit wem hatte er sich getroffen?
Seine Jacke war voller Blut.
Ganz plötzlich verließ mich der Mut.
Die großen Augen waren offen.
Der Wald sah auf einmal anders aus.
Wenn das ein Gespenst war, was dann?
Warum starrte es mich so an?
Es graute mir. Ich lief schnell nach Haus.

1955

Sonntags spielt das Nordmark Orchester
im idyllischen Restaurant.
Die Tische sind Familiennester.
Man grüßt oder macht sich bekannt.
Opa schwärmt von den alten Tagen.
Alle sprechen von der Konjunktur.
Man verdient Geld und kann nicht klagen.
Opa protzt mit seiner neuen Uhr.
Gleich bestellt er den Radetzky Marsch
und dazu ein Flensburger Bier.

Das Orchester spielt stramm preußenbarsch.
Opa spielt General mit mir.
Da klingelt es beim Kuchenessen.
Ein Kind bittet um eine Spende.
Wir sollen den Krieg nicht vergessen.
Opa meint, alles hat ein Ende.

Hafenfähre

Sie war so klein, so ungeschützt und offen.
Ich dachte, ich würde ins Wasser fallen.
Es roch nach Teer, Öl und andren Stoffen.
Ich saß auf der Höhe mit toten Quallen,
die schon vor langer Zeit vergiftet waren.
Die Fähre tuckerte Richtung Ballastkai.
Ich war allein an Bord. Vor dreißig Jahren
war mein Vater noch das letzte Mal dabei.

Wir überquerten den Hafen siebenmal.
Ein langer Abschied. Ich ging nach Übersee,
wollte nicht wiederkommen. Das Licht war fahl.
Wir konnten uns nicht mehr sehen. Es tat weh.
Bis heute hab ich den Tag nicht vergessen,
an dem ich mich selbst verließ. Der Schmerz hielt an.
Wir haben nebeneinander gesessen,
mein Vater und ich, jeder sein eigner Mann.

Das Wiedersehn ist brackig, doch ohne Reu.
Die Förde bewahrt ihre Erinnerung.
Manches hat sich verändert, vieles ist neu.
Wie alt ich war, als ich ging! Jetzt bin ich jung.
Ich nehme noch immer die Fähre, obwohl
sie gar nicht mehr fährt. Ich werde wohl bleiben.
Ich kann nicht schon wieder gehn. Komm, Fährmann, hol
über! Ich hatte versprochen zu schreiben.

Vorfreude

Angelburger Straße 1958

Abends halb sieben bei HaCiFa,
schräg gegenüber von Café Maaß.
Ich war jedesmal allzu früh da!
Dein weites Kleid, wie herrlich es saß!

Ich durfte dich nach Hause begleiten.
Dein Vater war, glaube ich, Polizist.
Immerhin konnte er nicht bestreiten,
daß du mit mir gut angekommen bist.

Du nahmst viel Platz ein im Straßenverkehr.
Auf den steilen Jürgensbyer Treppen
ging ich als Kavalier hinter dir her
und durfte die Einkaufstasche schleppen.

Vater sagtest du, ich schau' zu dir auf.
Das stimmte. Ich folgte dem Petticoat,
der steif vor mir wippte. Als kurz darauf
das Strumpfband zerriß, stelltest du dich tot.

Es war halb sieben bei HaCiFa,
schräg gegenüber von Café Maaß.
Ich war schon wieder allzu früh da.
Die Hose naß war halb soviel Spaß.

HaCiFa war ein Rauchwarengeschäft der
Hamburger Cigarren Fabrik
in der Angelburger Straße

Silvester 1966, Toosbüystraße 6

Wieder eine Zeitadresse,
ein letzter Familientag,
mit dem ich mein Hiersein messe
zum festgesetzten Stundenschlag.

Alle Blumenkästen sind leer.
Platz genug für fünfzehn Flaschen.
Unten steht ein kleines Heer,
alle Hände in den Taschen.

Die Straße ist eisig und kalt.
Es soll sein, wie es früher war.
Sie warten, daß es endlich knallt,
so wie im vergangenen Jahr.

Niemand läßt sich überraschen.
Keiner will sich selbst entdecken.
Man weiß, daß in unsren Flaschen
knallharte Raketen stecken.

Um zwölf zündet Vater die Schnur.
Sie schnellen hoch und springen auf.
Eine zitternd funkelnde Spur
frißt ihren kurzen Lebenslauf.

Was bleibt ist Licht der Eitelkeit,
die Glitzerwelt der Erscheinung,
Spektakel in der Dunkelheit,
ein Hauch von Urteil und Meinung.

Wir schießen Sterne in die Nacht,
die in der Finsternis verglühn.
Aus solchem Stoff sind wir gemacht,
damit die Blumenkästen blühn.

Wir haben uns nicht verloren.
Wir bleiben nur in Dunkelheit.
Schlag Zwölf sind wir neugeboren
in immer neuer Ewigkeit.

Flensburg 08,
die Germanistik-Version letzter Hand

Vereinspräsident

Wen wir jetzt brauchen, ist Der Grüne Heinrich –

Vereinsmäzen

– der ist doch noch beim FC Zürich –

Vereinspräsident

– oder den Libero Professor Weinrich. *(überlegt)*
Beide Spieler hätten was für sich.

Protokollführer

Ins Tor nun fliegt der Ball,
und Dämmrung bricht herein.
Der Tormann kommt zu Fall!

Zerreißt sich die Haare. An den Präsidenten

Wechseln wir Handke ein!

Präsident, abwägend

Torhalten versteht er,
doch dabei hat er Angst
vor einem Elfmeter.

Amüsiert, zum Protokollführer

Als ob du dich nicht bangst.

Zuschauer

Zum Sehen geboren,
zum Schauen bestellt,
dem Fußball verschworen,
gefällt uns die Welt.

Die Treue macht's allein.
So war es immer schon.
Lang lebe der Verein!
Wie herrlich ist der Lohn!

Tutti

Eins konnten wir alle nicht verstehn –
deheinen rât kond ich gegeben,
wie man zer welte solte leben –
wie mußte man den Fußball spinnen,
damit wir mal ein Spiel gewinnen?
So sind wohl manche Sachen,
die wir getrost belachen,
weil wir sie nur im Fernsehn sehn.

Mit Abbitte an Walther von der Vogelweide, Matthias Claudius, Goethe, Novalis, Heine, Storm und Brecht

Egon, die Osram Birne

Manche schauten einfach nicht hin.
Die Kinder nannten ihn
Egon, die Osram Birne.

Sein Kopf war kahl, er glänzte im Licht.
Das freundliche Gesicht
hatte fast keine Stirne.

Es war multiple Sklerose.
Kleine Beine, große
Hände umtanzten den Schmerz.

Wie eine Marionette
trug ihn eine Kette,
tief verankert im Herz.

Er besuchte die Drogerie
„aus reiner Sympathie".
(Das sagte er jedesmal.)

Er hatte sich nicht verlaufen.
Er konnte nichts kaufen.
Doch das war allen egal.

Was er auch sagte, verneinte
er sofort. Er meinte,
man sollte ihn nicht fragen.

Die blaue Jacke mit Futter
gab ihm meine Mutter,
ohne es mir zu sagen.

Er trug sie am Holm und prahlte.
Als ich winkte, strahlte
er und wankte auf mich zu.

Wir trafen uns. Er freute sich.
„Du siehst ja aus wie ich!"
„Nein, ich sehe aus wie du!"

Ich konnte den Drang nicht wehren.
Ich wollte erklären.
Etwas war für uns geschehn.

Doch sein helles Gesicht brannte.
Wie alte Bekannte
sagten wir Auf Wiedersehn.

In Memoriam Egon

Reichsadler Drogerie

Der Einzelhandel deutsche Geschichte
vom Kaiserreich zur geteilten Nation
ist so präzis wie Börsenberichte:
Aktien, Kriegsgewinn, Endinflation.

Großvater Marius (wenn er es war)
gründete das stolze Unternehmen.
Seine Mission war patriotisch klar:
Man sollte das Volk niemals beschämen.

Der Reichsadler musterte sein Revier,
erkannte die bescheidenen Maße
und sagte sich: „Zu fliegen bin ich hier.
Die Welt ist ein Teil der Norderstraße."

Sprach's und verkaufte deutsche Hygiene.
Alte Wunden brauchten neuen Verband,
Schmerztabletten für diese und jene,
Pflaster für das gesamte Vaterland.

Er kreischte als der Kaiser abgedankt
und zog sich mit seinem Handel zurück.
Er wußte, Deutschlands Wirtschaft war erkrankt.
Der Laden war ein verlorenes Glück.

Da hört die Niedergeschlagenheit auf.
Ein herrliches Gerücht macht die Runde.
Der mächtige Mann im Reich befiehlt: „Kauf!"
Der Bürger hört's und wird wieder Kunde.

Der Adler triumphiert, denn sein Verkauf
von Drogen hat das ganze Volk verklärt.
Ein Hakenkreuz bestimmt den Kriegsverlauf.
Noch einmal wird ein großer Sieg erklärt.

Marius stirbt. Claus übernimmt die Schlacht.
Die Drogerie wird ausgeraubt und schließt.
Hatte er etwas nicht richtig gemacht?
Jetzt gibt's kein Halten für das Blut, das fließt.

Flüchtlinge kommen und nisten sich ein.
Der Adler hat sich erschossen. Es fing
doch so herrlich an! Es sollte nicht sein.
Wußte denn niemand, daß es so nicht ging?

Wie das Land wird die Drogerie getrennt.
Ein Imbißstand macht alles zunichte.
Im heißen Öl der Friteuse verbrennt
der Einzelhandel deutscher Geschichte.

Muse Schloß Glücksburg

Es war einmal
im Ruhetal,
da wollte sie ganz bei ihm sein.

Er starb vor Scham,
als sie nicht kam.
Da ging er fort,
sagte kein Wort.

Die Liebe gibt
nur was sie liebt.
Das andre bleibt im Schmerz allein.

Es war einmal
im Ruhetal,
da hörte er ihr stilles Nein.

Er suchte sich
ein neues Ich.
Da litt er schwer
und kam nicht mehr.

Die Liebe nimmt
was sie bestimmt.
Freude stellt sich selten ein.

Denn dieses Glück,
das es nicht gibt
nur weil man liebt,
kommt nicht zurück.

Er liebte sie und schrieb Gedichte.
Es ist eine alte Geschichte.

Ruhetal ist ein Glücksburger Hotel in der Nähe des Schlosses.

Rat an die Touristen

Flensburg ist eine Stadt mit Untertiteln,
einheimisch fremd, nicht leicht zu verstehen.
Man versucht es mit verschiedenen Mitteln,
doch meist begreift man sie aus Versehen.

Das Problem mit dieser unerkannten Stadt
ist nicht das Wetter. Der Grund liegt tiefer.
Es ist, weil sie sprachlichen Charakter hat.
Was woanders grad ist, wird hier schiefer.

Vielleicht ist es wirklich der Wind, eine Bö
in den Wolken des lokalen Gehirns.
Ihr Witz erhebt sich auf die geistige Höh'
eines bislang unentdeckten Gestirns.

Man kann durchaus lernen, wie man ihn versteht.
Eine Grenzstadt hat in allem Grenzen,
Grenzen der Komik, der Genialität,
Redensarten, Maximen, Sentenzen.

Und natürlich die leidige Poesie.
Wenn sie spricht, stellt sie sich ein wenig dumm.
Flensburg reimt mit syntaktischer Phantasie
und dichtet: „Du kommst nicht um Schmidts Rum
'rum!"

Kaisers Kaffeegeschäft

Als ich wiederkam, war es eine Bar,
gutbürgerlich, mit Tischdecken und Kranz.
Ein braves Nachtlokal, so ganz und gar
nicht, was das Schild versprach: Täglich Nackt-Tanz.

Ich sah keine Zeichen der Exotik,
was mein Vater Tingeltangel nannte.
Ein dralles Mädchen mimte Erotik,
doch wie jemand, die sich selbst nicht kannte.

Die Geste hatte sie im Film gesehn.
Es war Advent. Draußen lag der Nebel.
Sie sang, doch niemand konnte sie verstehn,
als wär die Stimme ihr eigner Knebel.

Ein Mann las das Flensburger Tageblatt.
Verdammt, es war schon wieder nichts geschehn.
Die Nutte wischte sich die Haare glatt.
Sie war betrunken und konnte kaum stehn.

Dann plötzlich sprang das Mädchen vom Hocker.
„Baby!” schrie sie mich an. „Baby! Baby!”
Sie bettelte, heulte, ließ nicht locker.
Woher kam das Echo? „Gaby! Gaby!”

Ich zuckte die Schultern, peinlich berührt.
Jetzt stand sie vor mir und verlangte Geld
als hätte sie mich vor den Gästen verführt.
Ich kam mir vor wie ein getäuschter Held.

Sie nahm meine Münzen. Ich wollte gehn.
Sie wollte ein Kind. Wie häuslich bieder!
Jetzt tat sie mir leid. Ich zahlte im Stehn.
Jemand grölte: „Gaby, nicht schon wieder!"

Sie stand an der Jukebox, plötzlich halbnackt.
Ein Gast schimpfte in gehässigem Ton:
„Drück mal was andres!" Sie suchte den Takt
und sang: „By the Rivers of Babylon…"

Jetzt klatschten die Männer, wieder bereit,
dem alten Immergleichen zuzusehn.
Ihr Tanz war exotisch, die Hüften breit,
die Brüste üppig als hätte sie Wehn.

Türken in Flensburg

Einheimisch geil
laufen sie
in Kaufhäusern herum,
ein Restposten Hunger,
der sich nicht stillen läßt.
Sie sind hier zu Hause.
Im ausverkauften
Niemandsland
preisen sie die Heimat,
meine Eltern und Lehrer und Freunde und ich.

Am Bahnhof und
in den Altstadtgassen
stehen Türken mit weiten Augen.
Fremdsprachiges zwängt sich
auf ihre zerrissenen Lippen.
Sie sind hier tolerierter Gast,
dankbar, Staunen und Angst
hinter mißverstandenen Gesten
verbergen zu dürfen,
meine Eltern und Lehrer und Freunde und ich.

Früher Morgen in Flensburg

Möwen lüften die milchigen Laken,
die Förde rülpst unverdaute Nachtpassagen,
die erste Straßenbahn hängt am geknüpften
Schienenstrang.
Eine Frühschicht Butterbrote schwitzt im
Plastiksarg,
die Thermosflasche hält unausgeschlafene
Hoffnung wach,
Schlagzeilen hämmern die Nieten des steuerlosen
Rohbaus.
Der Stundenlohn heiligt die Stunden.
In der Altstadt fließt der Ekel termingerecht
aus den Plomben der Fensterweiber.
Familienväter fahren auf Dauerkarten
zur pensionsberechtigten Endstation.
In den Schaufenstervasen schmilzt der Eisblumen-
schleier
vor der Mitgift verführerischen Gewinns.
Verklebte Preise werden sichtbar,
die Hochzeitsnacht gebärt Routine.
Die Szene wird geputzt,
der Kaffeekessel gurgelt Einverständnis,
die Komödie läuft vom Stapel.

Die Stadt

Ein trüber Tag regnet sich ein.
Es ist noch alles wie zuvor.
Ich darf noch einmal bei dir sein,
du graue Stadt am Nordertor.

Der Hafen spuckt Möwengeschrei.
Fernwehluft. Salziges Sehnen.
Ein Nebelangler steht am Kai.
Von ferne heulen Sirenen.

Sag mir, bin ich denn wirklich hier?
Obwohl ich dich schon lang verlor,
hängt doch mein ganzes Herz an dir,
du graue Stadt am Nordertor.

Altes Gymnasium

(Erinnerungen eines Quartaners)

Sein Turm war ein alter Mandarin
aus einer zeitlosen Dynastie.
Er schaute über die Straßen hin
mit allwissender Geometrie.
Seinen Augen schien nichts zu entgehn.
Er paßte auf, von wo wir kamen,
konnte in unsere Fenster sehn
und kannte uns alle beim Namen.

An einem krankgeschriebenen Tag
lud er mich dickbäuchig zu sich ein.
Auf dem noch unbesetzten Pult lag
meine Klassenarbeit in Latein.
Ich wehrte mich. Es war vergebens.
Er zwängte mich in den Stuhl und rief:
„Das hier ist der Sinn deines Lebens!"
Wollte ich denn, daß ich ihn verschlief?

Kinderszenen

Mein Kind, wir waren Kinder . . .

Heinrich Heine

Vorschule

Neben dem Lyzeum, im Kinderhort
lernte ich Zeichnen, Lesen und Schreiben.
Ich malte mich an die Fensterscheiben
und erfand jeden Tag ein neues Wort.

Zur Strafe mußte ich alleine stehn.
Ein Onkel sagte, ich sei nicht richtig.
Ich nickte den Kopf. Es war nicht wichtig,
denn ich wollte dringend nach Hause gehn.

Ich bin dann auch nicht wiedergekommen,
(Ich konnte schon lang alleine lesen.)
Der Onkel war der Teufel gewesen.
Der hat mir meine Seele genommen.

Ich malte weiter an Fensterscheiben.
Da konnte ich mich fein im Spiegel sehn.
In den Bildern ist vieles geschehn.
Drum mußte ich bei ihnen bleiben.

Theologie, Voigtschule

(Erste Klasse, 1948)

Knittelverse für Herrn Brodersen

Ich wußte schon als Kind,
warum wir böse sind.
Ich hatte gelesen,
daß sei so gewesen
weil wir vermessen
sündhaft Äpfel essen!

Hier im Klassenzimmer
war es zehnmal schlimmer,
denn in jedem Fenster
saßen die Gespenster.
Wir sollten sie kennen,
die Sorten benennen,
Boskop, Gravensteiner,
Cox-Orange, keiner,
der nicht einen Namen
hatte. Von den Samen
bis zu ihren Kernen
mußten wir alles lernen,
um versetzt zu werden.

Von Adam-Gerüchten
bis zu Vitaminen
lag in diesen Früchten
das Wissen auf Erden.
Wir waren wie Bienen
und wären unsterblich

geblieben. Doch erblich
belastet, überkam
uns der Hunger. Er nahm
uns zurück in die Zeit.
Wir haben halb gescheit,
versteckt doch ungeniert
die Äpfel konsumiert –
und wurden trotz allem versetzt.

Der Lehrer jedoch war verletzt.
Er konnte es sich nicht leisten,
daß wir sie alle verspeisten.
Es war wohl auch nicht so ganz fair:
Wo kommen neue Äpfel her
ohne daß wir Neues wissen – ?
Das bedrängt mich schon seit Jahren:
Mußten wir deshalb erfahren,
daß wir so vieles vermissen?

Das Kind, das von zu Hause weglief

Er versteckte sich von Anfang an.
Da waren die Beine noch krumm.
Er hat es immer wieder getan,
aber niemand wußte warum.

Es drängte ihn von Zuhause fort.
Irgend etwas stimmte da nicht.
Mit seiner Mutter sprach er kein Wort.
(Kein Vater kam ihm zu Gesicht.)

Man fand ihn in einem Kohlenberg,
den Halden von Holm & Molzen.
Schwarz und klein sah er aus, wie ein Zwerg,
das Gesicht von Ruß geschmolzen.

Dann fand man ihn am Fischerhafen
unter aufgehängten Netzen.
Dort hatte er die Nacht geschlafen,
eingehüllt in Segelfetzen.

Nachmittags ging er in den Keller.
Niemand wußte, wer ihn schickte.
„Ich zeig dir's. Komm, und mach es schneller!"
Seine Singstimme erstickte.

Er war ein Kind von dreizehn Jahren.
Was in der Dunkelheit geschah,
durfte damals niemand erfahren.
Er kam nie seiner Mutter nah.

Der Krieg war vorbei, doch nicht für ihn.
Bei Flüchtlingen war er zu Haus.
Die erzählten von ihrem Ruin
und gaben sich als Eltern aus.

Herr Tormann hatte nur einen Arm,
eine Frau. Nichts zu verlieren.
Sie waren herzlich, freundlich und warm
und wollten ihn adoptieren.

Schließlich ist ihm die Flucht gelungen.
Die Heimat hat ihn vertrieben.
Das Kind hat nie wieder gesungen,
ging fort und ist fortgeblieben.

Hoftheater

Wir haben es selbst ausgedacht,
unser eigenes Puppenspiel,
haben auch alles selbst gemacht:
Kasper, Gretel, das Krokodil.

Das Kasperletheater steht
in einem offenen Schuppen.
Jeder, der was von Kunst versteht,
kommt und bestaunt unsre Puppen.

Dort spielen wir Kinderspiele
so wirklich wie die Wirklichkeit.
Es sterben unheimlich viele,
erst erstochen, dann gevierteilt.

Niemand weiß, ob der Polizist,
der nur um sich schlägt, auch bestimmt
auf seiten der Großmutter ist,
weil er von allen Zucker nimmt.

Das Krokodil hat sich bewegt!
Hat der Polizist vergessen,
das Ungetüm, das sich erregt,
würde auch gern Gretel fressen?

Jetzt schleicht es sich an sie heran!
Wenn nur der Kasper hier wäre!
Wo ist denn jetzt der gute Mann?
Da schlägt er es in die Quere!

Heldenhaft haut er das Böse,
bis es sich geschlagen gibt,
auf daß er die Welt erlöse.
Schaut, wie er seine Arbeit liebt!

Wir Kinder verstanden alles.
Es ging stets um Leben und Tod.
Es war der Fall eines Falles,
die Schlägerei ein alter Code.

Noch lebten wir das eigne Spiel.
Später entpuppten die Puppen
sich. Sie trugen nicht mehr Zivil.
Kasper rekrutierte Truppen.

Wir haben es selbst ausgedacht,
unser eigenes Puppenspiel,
haben auch alles selbst gemacht:
Kasper, Gretel, das Krokodil.

Mein Bruder

Das ist mein Bruder, der da, ja der.
Er sieht viel besser aus als ich.
Wenn wir uns sehn, freue ich mich.
Schau, wie er Fußball spielt! So als wär
er ein Profi. Er kann noch viel mehr.
Er kann zeichnen, doch nur für sich.
Manchmal malt er etwas heimlich
und gibt das Blatt nicht wieder her.

Mein Bruder ist oft geheimnisvoll,
mit seinen Zigeunerhaaren
ein Herzensbrecher, in Jahren
noch jung (er weiß gar nicht, was er soll),
doch klug, verletzlich, nicht ohne Groll.
(Er wird früh genug erfahren,
sich im Leben zu bewahren.)
Wenn er da ist, ist mein Herz voll.

Nach Haus kommt er an Wochenenden.
Dann hole ich ihn ab vom Bus.
Weil er bald wieder fahren muß,
dürfen wir keine Zeit verschwenden.
Schnell signiert er mit beiden Händen
einen flüchtigen Brudergruß.
Er kennt den Weg zum Überfluß
und eilt nach Norderhofenden.

Wir gehen, laufen, rennen, hasten.
Mein Bruder reißt sich los von mir.
Kurz darauf erreichen wir die Pier.
Erst jetzt erlaubt er uns zu rasten.

Da steht er nun, schaut auf die Masten,
grinst, atmet salzige Luft. Hier
will er sein. Der Hafen sind wir.
Er lacht, boxt, will mich betasten.

Später können wir nach Hause gehn.
Wir haben noch genügend Zeit.
Die Eltern sind noch nicht bereit.
Nur wir sind uns nah, wenn wir hier stehn.
Mein Bruder kann zaubern: Wörter sehn.
Lippen und Hand segeln zu zweit.
Mein Bruder weiß nicht, wie man schreit,
doch die Förde kann ihn verstehn.

Für Claus

Tapetenwechsel

Als dir das Wohnzimmer nicht mehr gefiel,
gingst du rüber zur Kunsthandlung Specht,
kauftest vier Bilder und fragtest: „Wieviel?"
Dann wolltest du wissen: „Sind die auch echt?"

„Nolde, ja natürlich, warum denn nicht?"
Du weißt nicht genau, was du gekauft hast.
„Hat der hohe Berg wirklich ein Gesicht?
Doch, ich bin mir sicher, daß alles paßt."

„Die Farben sind ideal fürs Zimmer.
Der Maler verdient unsre Sympathie.
Rechnung? Machen wir's doch so wie immer.
Ich bin der Junior von der Drogerie."

Du ranntest nach Hause wie geflügelt
und schriest: „Von jetzt ab leben wir mit Kunst!"
Später wurdest du wieder verprügelt,
als sie merkten, du hattest keinen Dunst.

Die Gemälde gingen wieder zurück
und du in die feuchte Bodenkammer.
Wir teilten mit dir das geborgte Glück.
Du littst allein deinen Katzenjammer.

Doch dein Wahnwitz und dein Freimut brachte
uns Tropensonne, Wolken, roten Mohn.
Du weintest, weil das Matterhorn lachte
und warst weiß Gott ein mißratener Sohn.

Schwärmer

Keine Knaller, nur sprühende Funken,
keine Kanonenschläge für Spatzen.
Wir trinken, aber sind nicht betrunken.
Wo es juckt, da wollen wir uns kratzen.

East Anglia

Für W. G. Sebald

Ganz so weit bist du wohl nicht gekommen,
westlich gereister Nordsee-Vetter.
Dazu hast du zuviel mitgenommen:
Ackerbau, Viehzucht, Angelns Wetter.

Die Sprache war das teuerste Geschenk,
das lebend wahlverwandte Unterpfand
auf immer seiner Herkunft eingedenk.
Sie taufte deine Insel „Angelland".

Wir haben uns gegenseitig besucht,
uns im anderen wiedererkannt.
Waren wir beide zur Trennung verflucht
oder von uns selber übermannt?

Ich weiß nicht, was dieses Zuhause ist.
Geteilte Freude, getragene Last?
Ich weiß nur eins: daß du am nächsten bist,
wo du mich alleine gelassen hast.

Cargo Cult und andere Visionen

(Bescheidener Rat an die Stadtverwaltung)

Seit fünfzig Jahren warten sie,
die Schienen der Vergangenheit.
Die reiche Flotte kam zwar nie,
jedoch der Hafen stand bereit,
falls sie einmal kommen sollte
mit neuen, glänzenden Ideen
(teure oder unverzollte).
Es ist bis heute nicht geschehn.

Die Zeit des Löschens ist vorbei.
Laßt die Menschen wieder baden!
Setzt die erstickte Förde frei!
Statt Silos baut Promenaden
mit eleganten Restaurants!
Kauft und verkauft Wasserräume!
Erlaubt Musik und Sonntagstanz!
Schenkt den Bürgern neue Träume!

Denn ihnen gehört der Hafen.
Ihr Binnenschiff hat angelegt.
Wo sich tote Schienen trafen
hat sich ein andrer Zug bewegt.
Er ladet aus und ladet ein.
Er fährt und hält am Lichter-Kai.
Er wird das neue Flensburg sein.
Ich komm dann auch nochmal vorbei.

Für Jochen Barckmann

Wiederholung

In Memoriam Heinrich Böll

Ein Soldat kam spät und verletzt
aus dem Krieg. Da versprach er sich:
Nie wieder! Im schneeweißen Kittel
verkaufte er Verhütungsmittel
in der Reichsadler Drogerie.
Nie wieder! Doch Nie Wieder wie?
Die Absicht war halbwegs ehrlich,
der Handel schwer, gerade jetzt.
Man traute dem Adler nicht mehr.

Der Vater ging zur Bundeswehr.

Der neue Staat war längst bankrott.
Doch er bot Sicherheit als Lohn.
Mit jedem Einberufungskittel
kam ein neuer Beamtentitel.
Längst vergangenes Wie und Wenn
feierte Auferstehung, denn
vor ihnen stand ihr nackter Sohn.
Da spielten sie noch einmal Gott,
duldeten keine Beschwerden.

„Wir können auch anders werden."

Vater untersuchte das Kind.
Es stellte sich spät und verletzt.
Doch Wunden gab es keine zu sehn.
Drum sollte es endlich Antwort stehn.
Das Kind schien nicht dazu bereit,
als hielt es sich bereits befreit.

War der Junge so aufgehetzt?
Was machte ihn so wehrdienstblind?

Der Sohn wurde schon nach zwei Stunden
vom Vater Tauglich Eins befunden.

Ein Soldat kam spät und verletzt
aus dem Krieg. Da versprach er sich –

Ehrliche Seelsorge

Ich fragte nach dem Weg halbverloren.
Hatte der Pfarrer mich mißverstanden?
„Mein Sohn, mit Gott kommt niemand abhanden.
Wir sind in Seiner Gnade geboren."

Ich suchte die Ausfahrt, wollte nach Haus.
„Mein Sohn, das suchen und wollen alle."
Das Altvertraute war eine Falle.
Ich fand aus mir selber nicht mehr heraus.

Da plötzlich schien auch der Pfarrer verklemmt.
Er sah mich an, als wollte er sagen:
„Du mußt mich etwas anderes fragen."
Endlich gestand er: „Ich bin hier selbst fremd."

Für Peter Steele, SJ

Das letzte Wort. Ein Kreuzworträtsel

(Anweisungen zum Schreiben)

Das Rätsel ist ein fremdes Wort,
das Kreuz der Sinn, der übrig bleibt.
Es ist ein populärer Sport,
mit dem man sich die Zeit vertreibt.

Buchstaben, die Zauberzeichen,
die sich immer wiederfinden,
trennen sich von ihresgleichen,
ehe sie sich wieder binden.

Wer sie entschlüsselt, weiß sofort
welches Risiko sie wagen,
wenn sie ein vorbestimmtes Wort
auf ein andres übertragen.

Ist die Welt böse oder schlecht?
Ist die Bedeutung eine Zahl?
Sind Wörter wirklich waagerecht?
Ist senkrecht eine Gegenwahl?

Was ist denn daran nicht richtig?
Welches Feld ist leer geblieben?
Was wir wissen, ist nicht wichtig,
denn ein Wort bleibt ungeschrieben.

Es ist ein unlösbares Spiel.
Der weiße Fleck bleibt unbenannt.
Ist es zu wenig, ist's zuviel?
Das letzte Wort bleibt unerkannt.

Alles ist wieder wie zuvor,
die Welt ein Muster aus Papier.
Was war das Wort, das er verlor?
Vielleicht ist es noch immer hier.

Er fährt mit andren Rätseln fort,
gedemütigt und übermannt.
Das, was er sucht, das eine Wort,
verblutet stumm und unerkannt.

Der alte Glaube

Die Unsterblichkeit trägt noch immer
hochgeschlagene Trenchcoats.
Mit überlegenem Grinsen
macht sie sich alle vierzehn Tage
im Ersten oder Zweiten Programm
gleich nach den Nachrichten
leicht angeekelt an die Arbeit.

Über eine Stunde lang beweist sie,
daß die Welt zwar immer schlechter wird,
aber im Grunde eben doch noch stimmt.
Denn so leicht geht der gerechten Sache
nicht die Pfeife aus.
Dankbar beschlägt leichte Hysterie
die grad geputzten Brillengläser.

Demokratische Spannung bemächtigt sich
der Pantoffeln. Kitzlig zucken die Zehen.
Im Sessel werden Dinger gedreht.
Das Bier hört auf zu flüstern.
Der Aschenbecher muß sich übergeben.
Kekse verkrümeln sich. Gebete lernen
schießen. Dein Streich komme.

Jetzt weiß es jeder,
wem dieser einholbare Tod gebührt.
Noch immer stirbt der andere für uns
alle vierzehn Tage
im Ersten oder Zweiten Programm
gleich nach den Nachrichten.
Gut, daß der Kommissar auf unsrer Seite ist.
Das hat er erst neulich wieder
in einem Interview
ausdrücklich betont.

Auszug und Heimkehr

Heimkehr: wohin? Da alle Arme schmerzen
und Blicke, alle, mißverstehn.
Auszug: Wohin? Die Fernen sind im Herzen
und wie sie dir nicht dort *geschehn,*

betrügst du dich um jeden Weg. Was bleibt?

Nichts, als zu sein. *Zm nächsten Stein zu sagen:*
Du bist jetzt ich; ich aber bin der Stein.
Heil mir. Die Not kann aus mir Quellen schlagen,
und das Unsägliche wird aus mir schrein,

das Menschen nicht ertragen, wenn sie´s treibt.

Rainer Maria Rilke

Heimatgedicht

Heimat, die nagellose Brücke,
die Newton zu bauen verstand,
hält sich selbst (auch im andern Land),
sonst zerfällt sie in tausend Stücke.

Heimat, warum kann's sie nur geben,
wo sie bereits verloren ist?
Du stirbst, wenn du geboren bist
und wirst dich selbst nicht überleben.

Heimat, die uralte Liebeslist,
die immer nur das eine will.
Sie ist empfindsam und doch schrill:
„Verlaß mich, damit du bei mir bist."

Für Karl Fischer

(Die nagellose Newton-Brücke befindet sich an der Cam auf dem Campus der Cambridge University.)

Versuch über Heimat

In memoriam W. G. Sebald

Je mehr von der Heimat die Rede
ist, desto weniger gibt es sie.

W. G. Sebald, Unheimliche Heimat

Was darf ich über Heimat sagen?
Ich habe sie verloren und gewonnen.
„Die Fremde" war leicht zu ertragen.
Dort hat mein Leben noch einmal begonnen.

Ein antipodischer Neubeginn,
ein Gegenüber, das es mir erlaubte,
im Widerruf an das Geglaubte
zu lernen und zu entdecken, wer ich bin.

Bildhauer wissen, Stoffe fehlen.
Form ist Verlust. Gestaltung entfaltet sich.
Fremdes verwandelt, wird heimatlich.
Ich durfte mich und die anderen wählen.

Bin ich geworden, der ich schon war?
Wann konnte ein Bild je sich selbst erkennen?
Wir können nur uns selbst benennen.
Der Künstler weiß es. Er macht die Sprache wahr.

Heimat, sehnsüchtiges Verlangen!
Wir müssen dich wie uns selber erfinden.
Sollten wir je zu dir gelangen,
wird uns die eigene Fremde verbinden.

Schleswig

Verdinglichte Abwesenheit
Heimatboden

Durch den leisen Dauerregen
ein Gerücht von Ankunft

Immer schon versprachen
sich die Wolken

Vogellaute nähen
den zerfetzten Himmel

Katen giebeln ihre
unheilbaren Wunden

Fenster spiegeln
sich im Löschteich

Eingedeichte Stille
Lieder fassen keine Wurzel

Auf der nassen Erde
brennen Fieberflecken

Aale züngeln
in fremdes Salz

Für Klaus Kraft

Heimkehr

Hecken schützen Dornen.
Ein Augenlid verblutet.
Der Horizont verzögert
eingeholte Fragen.

Glatte Spiegel brechen.
Im Splitter suchen wir das Detail.
In Scherben geben wir
uns zu erkennen.

Wir sagen du
und schneiden uns
an einer Geste.

Rückkehr, 1957

Aus Amerika zurückgekehrt,
war ich plötzlich verloren.
Alles was ich kannte, schien verkehrt.
Doch hier war ich geboren.
Die Heimatstadt war gleichgeblieben.
War ich nicht derselbe mehr?
Wie konnte ich sie nicht mehr lieben.
Ich gehörte doch hierher!

Die gleichen Straßen, das gleiche Haus.
Alles schien nur viel kleiner.
Allein kannte ich mich nicht mehr aus,
als wär der Blick nicht meiner.
Ich kam als Fremder, ich kam nicht heim.
Freunde fanden mich verstört,
sonderlich wie ein reimloser Reim,
ein Wort, das nicht hingehört.

Das Alte Gymnasium war streng.
USA – was war das schon?
Wurde Ihnen die Heimat zu eng?
Und was war denn nun der Lohn?
Ein Englischlehrer mit Temperament
brachte mich bald zum Schwitzen.
„Lernen Sie einen andern Akzent!
Sonst lassen wir Sie sitzen!"

„Und Ihr Latein! Alles vergessen!"
„Ut desint vires, tamen... " –
ich rezitierte halb vermessen –
„est laudanda voluntas."

„Hör’n Sie mal, was erlauben Sie sich!”
„Tempora mutantur, nos…” –
erschöpft und enttäuscht setzte ich mich –
„et mutamur in illis.”

Ich war wieder bei der Obrigkeit
von Lehrern, Eltern und Staat.
Hier herrschte noch eine andre Zeit.
Es gab keinen bessren Rat
als an jene Freiheit zu denken,
die Amerika mir lieh.
Sie konnte mir das Schönste schenken:
die Wahrheit der Phantasie.

Ich ging wieder auf eine Reise
auf der Suche nach dem Wort,
das mich erlöste, still und leise.
Gott kam nicht. Er war weit fort.
In Melbourne studierte ich Latein
und schrieb die ersten Zeilen.
Ich war in Wahrheit nie mehr allein,
doch mußte mich beeilen.

Vielleicht bin ich zu Haus geblieben
und schreib ein heimatliches Gedicht
an euch. Lest ihr es? Ich weiß es nicht.
Die höchste Gegenwart ist Lieben.

Meine Erinnerung

Meine Erinnerung tarnt sich
als verjährter Verlust.
Abgeschrieben hockt sie
in einer Geste,
duckt sich unter überzähligem Lachen,
schleicht sich auf heimlichen Blicken davon.

Ich habe aufgegeben,
sie zu suchen.
In Schonungen wildert sie,
um zu überleben.
Fallen entlockt sie ein falsches Geständnis.
An kahlen Bäumen verzweigt sich die Spur.

Doch manchmal gibt sie sich
in Tannenzapfen zu erkennen,
in einer Tapete, die oft überklebt,
wieder zum Vorschein gekommen,
in Worten, die trocken verbluten
wie das Sägemehl einer Puppe.

Emigration

Wandre ein
ins ungeliebte Land,
lerne es kennen als Fremder,
neugierig auf seine Sitten.
Laß dich überraschen
von seinen Feiertagen
und von den Masken seines Hasses.

Sei kein Gast,
und putze nicht die Spiegel.
Lies in Schlagzeilen Geschichte.
Vor allem übe dich
in der schweren neuen Sprache.

Die Reportagen dieser Sportnation
übersetzen keine stummen Siege.
Und wenn es Zeit ist
für die Tagesschau,
vergiß nicht,
daß in deiner ersten Gegenwart
die Sonne aufgeht
wie ein alltägliches Versprechen.

Aus dem Australischen vom Autor

Gefunden

Melbourne, geliebte fremde Heimatstadt,
von Anbeginn führtest du mich nach Haus.
Ich wuchs an dir, ein zartes, kleines Blatt
am starken Ast. Es drängte mich hinaus.
Die freie Luft! Der unbeschwerte Tag!
Helle antipodische Frühlingszeit!
Hitze im November. Über mir lag
dein blühender Himmel. Es war soweit.

In Swanston Street sollte ich gesunden.
Grüne Straßenbahnen wußten den Ort.
Ich hatte ihn in Liebe gefunden,
betrat die Halle und sagte kein Wort.
Ein Einheimischer war angekommen,
erkannt, gewärmt, gefunden, geborgen,
vom Fremden in die Arme genommen.
Welch dankbare Ungeduld auf Morgen!

Die geschenkte Rettung war meine Scham.
Der Fluch der Herkunft wiederholte sich.
In einem Straßencafé überkam
sie mich. Ein Rufen. „Komm zu mir! Setz dich!"
Ein braungebrannter Arm winkte mir zu.
Ich sah die Markierung auf zäher Haut.
Eine Stimme fragte: „Woher kommst du?"
Wußte er, wie mir vor den Zahlen graut?

Für die jüdischen Freunde in St. Kilda

Global

„Du bist die Welt für mich",
schmalzte der Operettensänger.
Die Maße ändern sich.
Die große Welt wird immer enger.
Umsonst bemühst du dich,
allein du selbst zu sein und bleiben.
Du bist nicht mehr dein Ich.
Man will dich aus dir selbst vertreiben.
Du wurdest zu teuer.
Drum wirst du woanders hergestellt.
Nun bist du ein neuer
Mensch, ein Massentyp, ein Mann von Welt.

Man rekonstruiert dich
in chinesischer Manufaktur.
Keine Angst: Dir passiert
nichts. Du machst eine gute Figur,
fast wie du gewesen.
Doch du verbrauchst zuviel Energie.
Der Wind kann nicht lesen.
Das Eis schmilzt. Die Sonne scheint wie nie.
Du lebst und konsumierst.
Ich weiß, so hat man uns hergestellt.
Das Öl läuft aus. Du frierst.
Was kostet die schöne neue Welt?

Sie kostet täglich mehr.
Du meinst, du nimmst nur, was dir gehört.
Das Versprechen bleibt leer.
Neuerdings bist du etwas verstört.
Du lebst wie die meisten:

Was du jeden Tag mehr haben mußt,
kannst du dir nicht leisten.
Hattest du denn wirklich nicht gewußt
Reichtum ist Verderben?
Unser Ende ist vorprogrammiert.
Die Erde wird sterben.
Wir haben den Tod globalisiert.

Abschied

„Wo gehn wir denn hin?" – „Immer nach Hause."
Novalis, Heinrich von Ofterdingen

Manchmal scheint es mir, ich könnte bleiben,
auch wenn man hier ganz anders denkt and fühlt.
Für euch ist Leben ein Untertreiben,
die größte Leidenschaft noch unterkühlt.

Für mich ist solches Verlangen zu eng.
Zuviel zielt auf nüchternes Gelingen.
Warum seid ihr mit euch selber so streng?
Die Wirklichkeit läßt sich nicht erzwingen.

Es war so schön, euch wiederzusehen.
Ich hoffe, es war nicht nur eine Last.
Was einmal geschah, ist nicht geschehen.
Ich wollte nach Hause und blieb ein Gast.

Ihr redet viel, doch ihr könnt auch schweigen.
Wie immer blieb das meiste ungesagt.
Manches wollten, durften wir nicht zeigen,
weil das gleiche Vergessen an uns nagt.

An Theodor Storm

„ . . . ich hörte deutlich meinen Namen rufen –
oder war es der des toten Kindes?"
Aquis submersus

Alles was einmal war
bewahrtest du in deiner Phantasie.
Es gibt sie offenbar,
die strenge Vernunft der Melancholie.

Was war, besteht auch fort,
und dennoch erlöst du mich von beiden.
Ich folge deinem Wort
und sag Dank für erinnertes Leiden.

Alles Vergangene
lebt und sucht sich wieder zu erleben.
Wir sind Gefangene
der Zeit, die sich der Dauer ergeben.

Die Welt ist, wo wir sind,
da, wo wir den anderen gefunden.
Ein ungeliebtes Kind
kann in Menschengedenken gesunden.

Flensburg, damals und heute

Jugendträume. Bilder, die nicht erblassen.
Alte Geisterschiffe der Erinnerung.
Die Alex kann die Förde nicht verlassen.
Wir, die mit ihr fahren, sind noch immer jung.

In Mürwik verkauft eine Kläranlage
Großadmiral-Dönitz-Immobilien.
Ein Fischrestaurant erhebt seine Klage:
„Odore del Mare", live aus Sizilien.

Doch die futuristischen Wellblechkästen
mit ihren Marina-Anlegestellen
bestehen nur aus Badeanstaltresten,
denn es sind Mürwiks alte Schwimmbadwellen.

Nach den Pfahlbaustühlen dann Solitüde –
(Erste Liebe! Ich kam zu früh in den Sand.
Wir hatten verschlafen und waren müde.
Da geriet mein Verlangen wieder in Brand.)

Meierwik, du verführerische Küste!
(Als wir uns bei dir ganz herbstzeitlos paarten,
brachte jeder Wechsel neue Gelüste.
Wir waren hungrig und wollten nicht warten.)

Und endlich Glücksburg! Mein Leben auf Papier.
Geliebte! Das Wort, das immer noch brennt.
Mit jedem Versprechen gehöre ich dir,
noch immer in Flammen, auf ewig getrennt.

Segeln

Die Wolken sind ein ausgeträumter Traum,
ein von der Dunkelheit durchtränkter Schwamm.
Die Förde sabbert ihren Morgenschaum.
Ein steifer Nordost krönt den Wellenkamm.
Ich rase als Schatten auf dem Wasser.
Ab und zu verliert er sich, wird blasser,
scheint für Augenblicke zu verschwinden.

Dann kann ich mich nicht mehr wiederfinden,
als wäre ich, in mich selbst versunken,
jämmerlich in der Ostsee ertrunken.

In Umrissen erkenn ich mich wieder,
seh daß mein Lifebelt im Wasser hängt.
Wir kreuzen, hoch am Wind. Ich schau nieder,
seh wie es mich immer mehr auswärts drängt.
Plötzlich, in letzter Sekundenschnelle,
führt mich das Seil an die eine Stelle,
an der sich mein eignes Schattenbild bricht.

Ich will segeln, doch schwimmen kann ich nicht.
Schiffbrüchig war ich, doch blieb verwegen.
Ich muß mir das nochmal überlegen.

Besuch bei Schulfreunden

Handewitt. Probsteierhagen.
Häuser im Grünen, fremd vertraut
als hätte ich sie mitgebaut.
Wir sprechen von alten Tagen,
von damals, von früher, von jetzt.
Soviel durften wir erleben.
Es hat uns also gegeben.
Die Lehrer wurden nicht versetzt.
Sie ließen zuviele Fragen.

Wolfgang ist Mathematiker.
Bei ihm geht jede Gleichung auf.
(Wahrscheinlichkeit nimmt er in Kauf.)
Wir haben uns auf dem Kieker
seit wir auf der Bühne standen.
Das Stück hieß „Einer kam zu Gast".
Heut merken wir, wie alles paßt.
Wir kommen uns nicht abhanden.
Wir sind alte Fanatiker.

Teddy ist Oberpolizist
und geht nicht in den Ruhestand.
Stets wachsam, schüttelt er die Hand,
will wissen, ist man Kommunist?
Er saß die Reihe hinter mir,
ein unauffälliger Spion.
Dabei schien es mir damals schon
als wär die Schule kein Revier.
Aber jetzt weiß er, wer man ist.

Wir blieben dreifach verbunden.
Die Sprache stellt ihre Weiche.
Unser Code war nicht der gleiche,
doch wir haben uns gefunden
in Zahlen, Wörtern und Gesetz.
Der Fang war reich, genug für drei.
Wir sind noch alle mit dabei.
Waren sie nicht das eine Netz,
mit dem wir uns selbst erkunden?

Lebt wohl! Es bleibt kein Wissen neu.
Ob wir uns nochmal wiedersehn?
Und sollte es denn bald geschehn,
so schneiden wir uns grünes Heu
und schreiben voneinander ab,
bis wir zumindest uns verstehn.
Die Zahlen werden untergehn.
Dichtung und Recht schaufeln ihr Grab.
Wir bleiben der Erinnrung treu.

Auf Kookaburra-Jagd

Ich sollte dir den „Lachenden Hans” zeigen,
den antipodischen Kirschkernbeißer,
doch hochversteckt in Eukalyptus-Zweigen
war der Lachvogel über Nacht verschwunden.
Du dachtest schon, wir hätten ihn erfunden.
Die Tage wurden immer heißer.

So gingen wir denn auf Kookaburra-Jagd,
du und ich und die zwei jungen Damen,
pirschten durch Regenwälder grün wie Smaragd,
durch öffentliche Gärten und private,
durch undurchdringliche Schutzreservate,
doch ohne daß wir weiterkamen.

Enttäuscht gaben wir unsre Verfolgung auf.
Du last wieder aus dem neuen Roman.
Den Studenten gefiel der Handlungsverlauf.
Du warst als Gastautor zu uns gekommen.
Sie haben dir die Fiktion abgenommen
und fingen den Text noch einmal an.

Dann, an deinem letzten Tag, sahen wir ihn.
Er saß im Regen. Ein Auge fehlte.
Er saß ganz ruhig, als ob die Sonne schien.
Er blieb stumm. Sein flügelloses Gefieder
war durchnäßt. Er gackerte keine Lieder.
Was war der Biß, der ihn so quälte?

Wir sahen die eigne Freiheit gefangen,
die trügerische Eigenprojektion,
mit der wir um das Ungenannte bangen.
Der Kookaburra weiß nicht, was wir meinen.
(Die Deutschstunde wird in Deutschland erscheinen.)
Der Vogel ist unsre Fiktion.

Für Siegfried Lenz, Brisbane, Ostern 1968

Zur Person

*Ich schreibe aus Bedürfnissen nicht
der Gesellschaft, sondern meiner Person.*

Max Frisch,
Öffentlichkeit als Partner

*Ein Wort nur fehlt! Wie soll ich mich
nennen, ohne in anderer Sprache zu sein.*

Ingeborg Bachmann,
Wie soll ich mich nennen?

Bio-Stiche

Eintritt ins Leben: erste Adresse
ein Bett bei den Diakonissen.
Geboren um Mitternacht. Ich messe
fünfzig Zentimeter. Sie wissen
nicht: Ein Kind von gestern oder morgen?
Nach Hause gefahren. Dort, am Schloßwall,
bin ich der Ururenkel von Jorgen.
Danach wird alles ein Überfall:
jeder tut als würde er mich kennen,
ein Schwarzer wollte mich ertränken,
mich in der Kirche vom Bösen trennen
und dann dem lieben Herrgott schenken.
Hätt ich nicht zeitig den Kopf gewendet
und wie ein Teufelsjünger geschrien,
wär ich bereits am Tauftag verendet
hier, in dem Becken von Sankt Marien.

Das Leben hatte viele Adressen,
so viele, wie man ein Leben hat.
Die ersten habe ich nicht vergessen,
die Häuser und Straßen dieser Stadt.
Ich habe sie früh auswendig gelernt
und nahm sie mit auf meinen Reisen.
Sie haben sich nie weit von mir entfernt.
Ich ließ mir gern die Richtung weisen,
wie weit es war zu meinem ersten Tag,
damals am Marienhölzungsweg,
wo ich als Kind bei meiner Mutter lag.
Erste Bilder, freudiger Beleg
all dessen, was ich nicht verloren hab:
die Schule und den Nachhauseweg,

den Alten Friedhof, das Familiengrab,
St. Jürgen, Marien, St. Nikolai,
das Theater, in dem ich zweinmal sang,
(zweimal, doch ich war allein dabei),
Schlittschuhlaufen auf dem Stadtparksee.
Das alles lebt fort. Doch die Zeit wird lang.
Ob ich es noch einmal wiederseh?

Flensburg, spiel deinen Rainy City Blues,
laßt uns wie früher Nebel spalten,
tritt mir nicht immer wieder auf den Fuß,
ich will dich in den Armen halten
und dir mein großes Geheimnis sagen:
daß ich noch immer ins Roxy geh
wie damals an dunklen Regentagen,
noch immer die alten Krimis seh.
Ich verlasse den Traum nach Mitternacht,
fühle die Waffe in der Hose
und frage mich, wen hab ich umgebracht?
In Om de Eck halt ich die Pose.
Die Säufer zeigen mir kalten Respekt
als sie den Doppel-Malteser sehn.
Gefolgt von einem Grog, hart weggesteckt,
ist denn der Showdown auch bald geschehn:
In der Stimme von Eddie Constantine
befehl ich dem Schnösel: „Nimm dein Bier!"
Er solle sich, verdammt nochmal, verziehn.
„Die Dame an der Bar ist mit mir."

Dann wache ich auf in Australien.
Ein Blick auf die Uhr: ist das die Zeit?
Der Schlaf kennt nur das alte Spiel Wie wenn?
Keine Zukunft, nur Vergangenheit.
Bilder sind geliebte Antipoden,
sie können nur durch andere sein.
Ihre Sehnsucht wächst auf jedem Boden.
Niemand erinnert für sich allein.
Das Gedächtnis ist die Gegenliebe,
die treu bleibt bis zum eigenen Tod.
Sie zeitigt (als ob sie ewig bliebe)
ihre Gegenwart als bloßen Code.
Manchmal kann man den Schlüssel erkennen.
Am Times Square kamen plötzlich Zeichen.
Ich wollte mich nicht zu ihm bekennen,
doch das Bildnis wollte nicht weichen.
Ich lebte hier. Fremdes war mir bekannt.
Begrüßt von Moin-Moin und Flensburger Bier,
betrat ich das Manhattan Restaurant.
Ein Schulfreund rief: „Bist du's? Wir sind hier!"

Doch meist sind es andere Besitzer,
Stimmen, Gesichter, Plätze, ein Strand.
Wie ein Gewitter, ein starker Blitz, der
einschlägt. Er steckt die Ruhe in Brand
wie Badetage in Solitüde,
das Singen im Chor „Sophiesminde",
Großmutters Gesicht, das liebe, müde,
und Elkes Herz, das ich nie finde.
Auf dem Südermarkt die toten Augen
geköpfter Fische, Milz und Rogen.
„Alles frisch". Ob die Krabben was taugen?

Ich werde nicht gerne betrogen,
doch verführt von aufgefüllten Ständen
kauf ich noch einmal was ich nicht brauch.
Fischfrauen mit nassen Gummihänden.
Da rechts ein blühender Pfefferstrauch.
Jemand brüllt „im Falle eines Falles”.
Was der wohl verkauft? Es kling so wirr.
Eigentlich gibt's hier so praktisch alles.
Drüben versteigern sie Kochgeschirr.

Ist das Zuhause, oder nur ein Blick
auf das, was nicht wiederkommt doch bleibt,
die alte Sehnsucht, der heimliche Trick?
Wer nur einmal lebt, der übertreibt.
Ich war nie dort, bin nicht fortgegangen;
ich war immer hier. Alte Straßen,
stille Häuser halten mich gefangen.
Allein war ich doch nicht verlassen.
Einst wurde die Duburg abgerissen,
doch ich wuchs auf in ihrem Schatten
mit meinem Alltags-Straßen-Wissen.
Könige, Ritter, Schloß: sie alle hatten
eine Geschichte. Landsknechte und Turnier.
Am Schloßwall träumte ich und sah die Burg,
die eigne Gegenwart. Wir blieben hier.
Ich war das Kind von Jørgen, Jørg und Jurg.
Möge die Burg auf Bürger scheinen,
die lebend Vergangenes mehren!
Und mögen sie stets sich selber meinen,
wenn sie ihr altes Schloß verehren!

Rip van Winkle

Viel zu lange hab ich mich selbst gesucht.
Ich wußte nicht: war ich denn verloren,
oder hatte ich mich nie gefunden?
Jetzt habe ich wieder die Stadt besucht,
aus der ich floh. Dort war ich geboren.
Als wollte die Zeit sich überrunden
geh ich nochmal den Kindheits Rummelgang
zum Burgfried, Schloßwall, zur Schönen Aussicht
und blick auf die Vergangenheit herab.

Es ist noch alles da. War es so lang,
daß wir uns nicht gesehn? Ich weiß es nicht.
Das alte Elternhaus ist längst ein Grab.

Das teuere Ü

„Sie haben aber etwas verloren,"
sagte er richtig, einheimisch gekränkt.
„Sie sind mit einem Umlaut geboren!"
„Den hat mir die neue Sprache geschenkt."

Zu spät

„Sie wollen zu den Rosenterrassen?"
fragte sie ungläubig und verdrießlich.
„Wann haben Sie denn Glücksburg verlassen?"
Fast hätt ich gesagt Glücksburg verließ mich.

„Und Hoffmanns Kaffeestuben? Gibt's die noch?"
Sie staunte nochmals und lachte mich aus.
„Die gibt's auch nicht mehr. Ich sag's Ihnen doch.
Kamen Sie denn niemals wieder nach Haus?"

„Wo sind Sie die ganze Zeit gewesen?"
„Ich war im Kontinent des Gegenteils."
„Wo war denn das? Wohl bei den Chinesen?"
Fast hätt ich gesagt im Lande des Heils.

„Sind Sie etwa einer von den Frommen,
einer, der Seligkeit woanders sucht?
Warum sind Sie dann wiedergekommen,
oder sind Sie noch immer auf der Flucht?"

„Nein. Ich komme nicht, und ich gehe nicht.
Ich bleibe. Doch hier ist nichts geblieben."
Ich seh noch immer das gleiche Gesicht,
als könnte ich keine andre lieben.

Ich weiß, wer ich bin. Die ich einst kannte,
ist eine andre. Sie kennt uns nicht mehr.
Sie hat vergessen, wie ich sie nannte
und sie mich. Aber das ist lang her.

Wir trafen uns auf dieser alten Bank.
Die Cafés, in denen wir gesessen,
sind längst geschlossen. Ich war liebeskrank,
Tag und Nacht, von Leidenschaft besessen.

Ich weiß: nichts ist mehr, wie es früher war.
Die Rosenterrassen sind verschwunden.
Ich seh uns noch immer im letzten Jahr,
als hätte ich dich wiedergefunden.

Sie räuspert sich. „Ja, also dann. Viel Glück.
Nicht alles ist anders, glauben Sie mir.”
Jetzt lächelt sie, läßt mich allein zurück.
Dann gehe ich auch. Was soll ich noch hier?

Innere Sicherheit

Auf dem Wochenmarkt liegen sie
mit starren Blicken.
Frauenhände schätzen ihr Gewicht,
das Blut noch an der Schürze.
Von Planken tropft
ein gefangenes Geständnis.
In Zeitungen schwitzt
der immer andere Tod.

Küchenmesser gehen
der Freiheit auf den Grund.
Schon gesteht sie
ihre augenfälligen Schuppen.

Doch

„Wenn ich dich liebe, was geht das dich an?"
fragt er. Warum man zusammen gehört,
nur weil man alleine nicht leben kann.

Je größer die Liebe desto mehr stört
nur der andere Mensch, den wir lieben.
Er ist ja auch fast immer nicht gemeint.

Wir sind Erde und lassen uns sieben.
Findet man kein Gold, bleiben wir vereint
im täglichen, ungereinigten Sand.

Der Intellekt beleidigt das Geschlecht.
Beide sind zwar des andern Unterpfand,
doch keiner macht es dem anderen recht.

Das Geschlecht will vom Gehirn nichts wissen.
Es will Wiederholung, nicht Ewigkeit.
Der Orgasmus ist ein Ruhekissen.

Doch nur für eine kurzbemessne Zeit.
Ihr sollt euch nicht besser kennenlernen.
Die Ehe ist kein Personalausweis.

Tut so, als seid ihr auf andren Sternen.
Körperlos. Auf der Erde wird es heiß
Wiegt und meßt nicht des andern Gefühle.

Sucht nicht für alles eine Benennung.
Draußen im Kosmos nächtlicher Kühle
schwebt und tanzt ihr in ewiger Trennung.

Im geteilten Einssein, allein zu zweit,
entsteht die Vermutung, daß man sich liebt.
Wir üben irdische Unsterblichkeit.

Von der wir wissen, daß es sie nicht gibt.

Lebenslauf

Mehr ausgestoßen als geboren,
erfuhrst du dein ganzes Leben lang
einen neuen ungestillten Drang,
als hättest du dich selbst verloren.

Es stimmt, dein Schrei ist still geworden.
Du wußtest, dir war etwas passiert,
das sich an dich hängt, dich nie verliert,
als müßtest du dich selbst ermorden.

Allmählich merkst du, du bist allein.
Du lebst etwas, das dir nicht gehört.
Du fühlst dich verlassen und verstört,
als sollte es so für immer sein.

Du willst in einer Heimat leben.
Du erfindest sie. Es gibt sie nicht.
Du schreibst ihr Briefe und ein Gedicht,
als hätte es sie je gegeben.

Herbst

Zugvögel zerreißen graue Himmel.
Gefallene Äpfel sterben
auf satter Erde, verderben
mit süßen Wunden und erstem Schimmel.

Alles ist Reife und früher Verfall.
Die Luft ist voller Ruß und Rauch.
Blätter verqualmen ihren Hauch.
Ein seliger Tod feiert überall.

Der Wald verliert seine stolzen Kronen
an knochige Holzskelette.
Eine Kastanienkette
wird uns die letzten Tage belohnen.

Eicheln und Bucheckern, Kinderspiele
und einsames Vogelgeschrei.
Der Baum setzt seine Mieter frei.
Füchse jagen. Es sind nicht mehr viele.

Die Lärche verwandelt sich in ein Bild
alter abgelebter Zeiten.
Ein Kreis will sich vorbereiten,
in dem all das bleibt, was verloren gilt.

Ich finde noch einmal den Schwanenteich.
Wie klein er doch geworden ist!
War er nur groß in Traumeslist?
Von weither kommt ein Ruf. Ich komme gleich.

Es ist das Kind, das ich gewesen bin,
auf dem Weg zu seiner Wohnung.
Es war im Wald eine Schonung.
Zu der fanden wir immer wieder hin.

Ich folge wie einst der gleichen Richtung.
Wo sie ihr Leben begannen
stehen heute hohe Tannen.
In der Nähe beginnt eine Lichtung.

Dann, als wär es der Rauch meines Lebens,
verbrenne ich das bunte Laub,
in meiner Hand Asche und Staub.
Nicht ein einziges Blatt starb vergebens.

Seine Mutter und Elly Ney

Noch am nächsten Tag fühlte er die Prügel.
Warum hatte er nie zurückgeschlagen?
Die Stühle der Musiker waren noch leer.
Er sah den Engel, seinen schwarzen Flügel
und schlich auf ihn zu. Er mußte ihm sagen,
es war jetzt zuviel. Sein Kopf konnte nicht mehr.
Er sah auf die Tasten, die er berührte,
und versuchte einen tonlosen Protest.
Wer war es, der die Hand der Mutter führte?
Sie schlug ihn als wäre es für sie ein Fest.

Heute noch spielt sie das Emperor-Konzert.
Er darf die Orchesterprobe mithören,
schwänzt Latein eines Adagios wegen.
Er hört es schon jetzt, doch der Klang ist verzerrt.
Noch ist niemand da. Er will auch nicht stören.
Der schwarze Engel erteilt seinen Segen.
Er setzt sich und beginnt, etwas zu spielen.
Es klingt wie Beethoven, wenn auch erfunden.
Er spielt leise, als ob Schneeflocken fielen.
Er spielt wie einer, der wird nicht gesunden.

Eine Hand hält ihn an seinen Schultern fest,
als wollte sie sein Spielen ermutigen.
Er schreckt auf, fühlt sich bei einer List ertappt.
Die alte Dame schüttelt ihn jetzt und läßt
ihn nicht los. Sie sieht nur seine blutigen
Hände. Der Deckel ist wieder zugeklappt.
Sie spricht mit ihm, beruhigt seine Ängste.
Er blickt auf in ihr mütterliches Gesicht
und schaut nicht wieder weg. Es ist der längste,
der schönste Augenblick. Er fürchtet sich nicht.

Ihre Anschläge sind ein Geschenk. Es ist
das Adagio. Jetzt steht er hinter ihr.
Warum ist sie heute so früh erschienen?
„So etwa," sagt sie und lächelt. „Wo du bist,
wirst du nicht immer sein. Komm später zu mir.
Möchtest du dir ein Autogramm verdienen?"
Er ist dankbar, verwirrt, dann besucht er sie
am Abend in ihrer Künstlergarderobe.
Dort schenkt sie ihm Beethovens Biografie,
signiert sie und sagt: „Für deine Probe!"

Über ihre Unterschrift steht geschrieben:
„Beethoven: Ich erkenne nun ein Zeichen
der Überlegenheit des Menschen, das der Güte."
Seine Mutter schreit: „Wo bist du geblieben?
Den Tag lang konnte niemand dich erreichen!
Wie soll man sich auf dich verlassen? Gott behüte!"

Zur Erinnerung eines Konzerts
von Elly Ney, 22. Januar 1956

Der Kritiker

„Nun lassen Sie mal das Schreiben bleiben!
Die Kunst ist früher besser gewesen.
Man soll doch wirklich nichts übertreiben.
Ich kann das Zeug schon gar nicht mehr lesen.

Was soll das alles? Sparen Sie Papier!
Was wissen Sie schon von uns? Wer sind Sie?
Sie waren schon so lange nicht mehr hier.
Was reden Sie? Die Neue Harmonie?

Ach so, da haben sie einmal gewohnt.
Ihre Eltern waren Johanniter?
Sie haben sich einmal im Jahr belohnt?
Aber sie war'n doch eigentlich Mieter.

Was, die Untermieter gefielen Ihnen?
Wo sind die denn alle hergekommen?
Konnten die sich ihr Dasein verdienen?
Die haben uns doch das Heim genommen!

Sie und Flüchtling? Ja, was reden Sie denn!
Genau das meine ich: die Gedichte
tun doch nur immer so: als ob, wie wenn.
Sie haben ihre eigne Geschichte.

Also, lassen Sie das Schreiben bleiben!
Haben Sie nicht früher mal gesungen?
Na eben! Lassen Sie sich nicht treiben,
und reden Sie nicht in fremden Zungen!"

Kleines (nicht nur) musikalisches Mißverständnis

Jens-Dieter war weder deutsch noch dänisch.
Er hatte lockiges, öliges Haar,
hielt sich selber für erzitalienisch
und war damals, glaube ich, zwanzig Jahr.

Er spielte lead guitar, sang „Marina”
und erfand unsren Namen, das Swingtett.
Die geile Freundin hieß Christina.
Sie war etwas doof, aber sonst ganz nett.

Meine Freundin Bärbel fand es „so toll”,
wann immer ich Cliff Richard markierte.
Ekstatisch schrie sie: „Sing die Living Doll”!
Ich grinste ins Mikro und parierte.

Auf englisch war damals fast alles cool.
Mein gemietetes Klavier hieß keyboard.
Wir waren Stars mit einem swimming pool
und spielten mit abgeschlenztem Akkord.

Der drummer war von der Jazzband geklaut,
die New Orleans an die Förde brachte.
Uwe sang Bill Ramsey, war stark gebaut
und verhaute drums wenn er nicht lachte.

„Souvenirs” und der Reißer „Pigalle”
hielten die Teenager auf dem Parkett.
Doch Uwes Transfer war einer Falle:
Die Jazzband bespitzelte das Swingtett.

Hinter dem Namen vermuteten sie
einen cool jazz sound à la Dave Brubeck.
Als sie uns hörten, fühlten sie sich wie
fünf Abstinenzler in Om de Eck.

Wir spielten unbekümmert unsre Hits
in Tanzlokalen, Nachtcafés und Bars.
Die Stompers dachten, wir waren ein Witz.
Die Rockers hielten uns für große Stars.

Nur Bärbel konnte mir nie verzeihen.
Warum sie mir denn gar nicht gefiele?
Sie wollte mich doch nur einmal leihen.
Aber kann ich tanzen, wenn ich spiele?

Kein Ort

„Wieviele Sprachen beherrschen Sie denn?"
Noch immer das alte Mißverständnis.
Wir werden gesprochen. Es ist wie wenn
Gott käme. Sprechen ist sein Vermächtnis.

Es wird dein Reichtum und deine Armut.
Es bleibt die eine Wirklichkeit, die ist.
Es lebt in dir, es ist dein Lebensblut.
Es bestimmt dich. Es macht dich, was du bist.

Wenn du es findest, wirst du es wissen.
Sein Bild wird dir nicht länger erscheinen.
Doch wenn du schweigst, wird es dich vermissen,
und wenn du schwatzt, wird es dich verneinen.

Ehre das Wort, das uns das Leben schenkt,
die Welt, das All und andere Zungen.
Es ist sein Geist, der leuchtet, wenn er denkt,
als hätte es uns Gott vorgesungen.

Sei kein Händler und kein Übersetzer.
Die Binnenfähren sind nicht wasserdicht.
Meide alle Simultandolmetscher.
Sie tauschen das Wort, doch kennen es nicht.

Es kam zu mir, als ich alleine war
inmitten akademischer Eiszeit.
Ich war Professor, trug einen Talar
und las von babylonischer Weisheit.

Der Geist hatte sich nicht eingeschrieben.
Die Akademie war für ihn kein Ort.
Ich ging zu ihm und bin fortgeblieben.
Les mich. Glaub mir. Ich gebe dir mein Wort.

Fluch der Phantasie

For what we are can only be imagined;
The story never lies . . .
James McAuley, Against the Dark

Wir glauben unsren Körper zu kennen,
als wären wir die sterblichen Zellen
und andre Dinge, die wir benennen.
Wir können uns nur selber vorstellen.

Wir meinen von anderen zu wissen,
woher sie stammen, aus welchen Quellen,
und bleiben doch hin- und hergerissen.
Wir können uns nur selber vorstellen.

Wir sind der Stoff, aus dem die Träume sind.
Will sich nichts andres zu uns gesellen?
So bleiben wir für immer sehend blind.
Wir können uns nur selber vorstellen.

In dieser Wirklichkeit sind wir allein,
Atome, die durch die Zeiten schnellen.
Sie leuchten auf in einem kurzen Schein.
Wir können uns nur selber vorstellen.

Jede Geschichte und jedes Gedicht
ist ein Drang, das Dunkel zu erhellen.
Doch sie sind Bilder, Spiegelei, mehr nicht.
Wir können uns nur selber vorstellen.

Eines werden wir niemals verstehen:
Den Tod von sinnlosen Überfällen,
bei denen wir stets das gleiche sehen.
Wir können uns nur selber vorstellen.

Das Geheimnis

Du teures Geschenk der zweiten Sprache,
die mir erlaubt, auch das zu sagen,
was ich mit zorniger Scham bewache.
In deinem Schutz will ich es wagen.

Doch dieses Teilen ist lautes Schweigen,
in dem sich nichts zu erkennen gibt
als ein kranker Stolz, der sich nur zeigen
darf, wenn er verschweigt, was er geliebt.

Ohne dich wäre ich fremd geblieben,
ein kurzer Schatten mit sich allein,
von sich selber in das Nichts getrieben,
körperlos, ein unerkanntes Sein.

Du hast mich verführt. Du hast mich gestimmt.
Ich höre die vertrauten Lieder,
Singen, das mir das eigne Singen nimmt.
Ich ging doch fort. Geh ich schon wieder?

Du teures Geschenk der ersten Sprache
(das Wort Mutter verwende ich nicht),
die Heimat, von der ich nicht erwache –
ich liebe, doch meine Stimme bricht.

Für Manfred Durzak

Der Stammbaum

Herbstliche Daten. Totes Verlangen.
Es war einmal. Zweihundert Jahre her.
Magdelena hat es angefangen.
So scheint es jedenfalls. Man weiß nicht mehr.

Die Tochter heiratet den ersten Claus.
Ein Jörgensen, ursprünglich ein Lausen.
Er stammte aus Jörgens eigenem Haus.
Mütterlicherseits war er ein Clausen.

Namen und Zahlen, die nichts besagen.
Sie verbergen Mörder und Faschisten.
Bäume, die keine Blätter mehr tragen,
Förster, die zuviele Wurzeln hißten.

Manche fanden Freiheit im andern Land.
Nach Trondheim, Barcelona zog es sie,
zerrissen, was sie mit dem Baum verband,
und blühten dort. Zurück kamen sie nie.

Grabstein-Alibis, Sammelskelette,
Knochenstaub. Duplizierter Totenschein.
Würgeschmuck. Erbstück. Familienkette.
Als lebte nicht jeder für sich allein.

Nur er feiert die noch Unentdeckten,
die Zauberer, die dem Tod entkamen,
Künstler, die sich in der Zeit versteckten.
Die Unsterblichen. Die teuren Namen.

Für Uwe Stromeyer

Coda

Das eine Bestreben
von Herkunft und Ziel.
Das ist unser Leben.
Wir wissen nicht viel.

Was bleibt in der Eile
von Herkunft und Ziel?
Vielleicht eine Zeile.
Wir wissen nicht viel.

Zugvögel

Sie fliehen und fliegen,
den Tod zu besiegen.
Dann kommen sie wieder
und lassen sich nieder
wo sie vordem waren.
Sie wollen sich paaren.

Es ist eine scheue
natürliche Treue.

Für einen Amateur-Ornithologen

C'est fini

Wie ist es eigentlich früher gewesen?
Da gab es doch viele Bände,
da hieß es am Ende Ende.
Hätten die Leser sonst weitergelesen?

Der Tod

Der Tod ist die fabelhafteste
Sache von der Welt.

Arthur Schopenhauer,
Die Welt als Wille und Vorstellung

Niemand ist gestorben
und hat davon erzählt,
wie er selbst verdorben
und dann sich selber fehlt.

Sterben wird nur bezeugt,
von niemandem geteilt.
Es bleibt der Kopf gebeugt
solang das Sterben weilt.

Wunderbare Wunden
in ein anderes Sein.
Wir werden gefunden
und sind doch nicht allein.

Im Tod deiner Glieder
wirst du Schale und Ei.
Du findest dich wieder,
doch bist nicht mehr dabei.

Alte Liebe

Flensburg, du spröde Geliebte,
laß mich dich in Treue halten.
Sind wir nicht wie zwei Besiegte,
zwei gespenstische Gestalten?

Abschiedsgruß

Ich hoffe, es war nicht vermessen
Zeiten heraufzubeschwören,
die uns gemeinsam gehören.
Wir haben sie nicht vergessen.

Wissen wir doch, man kann sich lieben
ohne beieinander zu sein.
Erinnerung träumt nicht allein.
Sie ist zu Hause geblieben.

So bleiben wir dennoch ungetrennt.
Ich kann ohne euch nicht leben.
Ihr habt mir zuviel gegeben.
Sagt, daß ihr mich wiedererkennt.

Flensburg, 30. Juli 2008

Wir oder *A Portrait of the Artist*

Ich bin noch heute das kleine Kind,
das Wörter auf Fensterscheiben schrieb.
Wie ich mir damals die Augen rieb!
Ich merkte, daß Dinge anders sind.

Ich schaute das Bild und sah das Wort.
Im Glas spiegelte sich ein Gesicht.
Wem es gehörte, wußte ich nicht.
Mit einem Dreh war es wieder fort.

Ich sah uns beide: Die Welt und mich.
Ich schrieb auf das Glas meinen Namen.
Wie langsam die Buchstaben kamen!
Ich dachte, die Welt erkannte sich.

NACHTRAG

Es sprach der Dichter zu dem Kind:
Wir beide wissen, wer wir sind.

Im Mai 2008 bereiteten meine Frau und ich uns auf eine Europareise vor, die auch einige Tage in Deutschland einschließen sollte. Der Flug von Australien nach Europa dauerte nicht annähernd so lange wie vor fast fünfzig Jahren, als ich mit einer alten Super-Constellation den mehrtägigen BOAC-Flug von London nach Melbourne unternahm. Ich war wieder einmal „von zu Hause weggelaufen", diesmal endgültig. In dem halben Jahrhundert, das ich in meiner neuen Wahlheimat zunächst in Melbourne, dann im subtropischen Brisbane verbracht habe, war die Erinnerung an meine Herkunft vermischt mit der Erleichterung, endlich der sein zu dürfen, der ich wirklich war. Das alte Auswanderer-Klischee persönlicher Freiheit beschreibt auch die ersten sechs Jahre in Melbourne, die vielleicht glücklichste Zeit meines Lebens. Ich war natürlich gar nicht „ausgewandert", zumindest nicht im herkömmlichen Sinn, doch die Lust sich selbst entdecken und bestimmen zu dürfen, empfand ich als lang ersehnte Genugtuung.

An der University of Melbourne studierte ich Anglistik, Politische Wissenschaften und Germanistik (unter dem Novalis- und Kleist-Forscher Richard H. Samuel), lebte im altehrwürdigen Jesuiten-Newman College, verdiente mein Geld als Schauspieler, war Tutorial Fellow und begann erste Gedichte in englischer Sprache zu schreiben.

In der anglo-amerikanischen Erstaufführung von Max Frischs *Andorra* spielte ich die Rolle des Andri, verfaßte ein eigenes (mißratenes) Theaterstück *(Rückkehr ins Exil)*, erhielt ein Commonwealth Stipendium, graduierte mit einer Magisterarbeit über Matthew Arnold und Friedrich Nietzsche. 1966 wurde ich von der Schweiz zum Eidgenössischen Bundesstipendiaten ernannt, ging an die Universität Zürich und promovierte zwei Jahre später bei Emil Staiger mit einer Dissertation über Goethes Ästhetik, *Symbol als Idee* (erschienen 1968 im Francke Verlag Bern/München). Während meiner Zürcher Zeit machte ich unter anderem die Bekanntschaft von Max Frisch, Friedrich Dürrenmatt und Peter Bichsel.

Mit der Berufung an die University of Queensland bin ich häufig auf Gastprofessuren nach Deutschland gekommen (Köln, FU Berlin, Hannover) und habe bei der Gelegenheit immer wieder meine Geburtsstadt Flensburg besucht. Doch die Eindrücke der mir einst so vertrauten Stadt blieben weitgehend impressionistisch. Länger konnte ich dort nie bleiben. Als Besucher meines Herkunftsorts fühlte ich mich wie ein Flüchtling, der dorthin zurückkehrt, wovor er geflüchtet ist. In schmerzvoller Wiederbegegnung kam eine alte Zuneigung zum Ausdruck, die mich überraschte und freudig erstaunte. Ein Teil der alten Fördestadt lebte noch immer in mir. Ich machte die trostvolle Entdeckung, daß man einen Ort zutiefst lieben kann, selbst wenn man dort nicht immer glücklich gewesen ist.

Auf dieser nun kurz bevorstehenden Reise nach Deutschland sollte ich zum ersten Mal einen Teil meiner Familie treffen, mit dem ich bis dahin keinen Kontakt haben durfte. Die freudige Erwartung rief einen unerwarteten Schwall von Gedichten in deutscher Sprache in mir hervor, eine plötzlich einbrechende Lawine, die nicht aufzuhalten war. Es war wie ein langer Stau, der endlich gebrochen wurde. Obwohl ich in Australien inzwischen dreizehn Bände Lyrik in englischer Sprache publiziert habe, ist mir ein solches Sichaufdrängen von Bildern, Emotionen und Erinnerungen als Autor vordem nicht widerfahren. Es schien eine fundamentale Kraft, die sich nach einem halben Jahrhundert im angelsächsischen Sprachraum gänzlich unerwartet ihren muttersprachlichen Weg zu bahnen suchte. Wochenlang konnte ich nicht schlafen. Tagsüber war ich verdrießlich und gereizt. Ein neuer Roman in englischer Sprache war eben fertig geworden, und ich arbeitete an einem Buch über den Tod in der deutschen Literatur *(Die fabelhafteste Sache von der Welt. Der Tod in der deutschen Literatur,* Stauffenburg Verlag, Tübingen 2009). Der unvermutete Ansturm dieser Gedichte kam zum denkbar schlechtesten Zeitpunkt. Doch es blieb ein Drang, den ich weder zu ignorieren noch zu überwinden vermochte. Eine Art Heimkehr hatte bereits begonnen.

Die weitaus meisten Verse „kamen" denn auch auf fast gespenstische Art, komplett in Reim und Metrum, wörtlich wie sie in dieser kleinen Sammlung erscheinen. Ich habe mich bemüht, eine repräsentative Auswahl von Gedichten unterschiedlicher Haltung und Tonart zu treffen, die sowohl der persönlichen Erfahrungsthematik als auch einem umfassenderen historischen Kontext gerecht zu werden versuchen. Ton und Stil reichen von bekenntnishafter Vertraulichkeit zu wortspielerischer, zuweilen frivol wirkender kabarettistischer Ironie.

Einige meiner literarischen Vorbilder in diesem Band – Heinrich Heine, Theodor Storm, Erich Kästner, Günter Grass – werden dem Leser schwerlich entgehen. Sprachliche Form schafft Distanz zum emotionalen Inhalt. Dennoch zeichnen sich viele Verse durch intime Offenheit,

kritische Selbstreflexion und dem Drang zum Erzählen aus. Nicht zufällig sind die hier aufgenommenen Texte überwiegend narrativ, anekdotenhaft, balladesk.
Absicht der Sammlung war, Reflexionen über Heimat, Sprache, Zugehörigkeit und Entfremdung aus der (vielleicht ungewöhnlichen) Perspektive eines Autors zu gestalten, der „freiwillig", aus privaten Gründen, Familie und Heimatstadt verlassen hat. Wie gesagt: Ich habe mich zu keiner Zeit als Auswanderer verstanden. Das verbieten meine vielen Begegnungen und Freundschaften in Australien mit Holocaust-Überlebenden, Flüchtlingen und Emigranten aus europäischen und nicht-europäischen Ländern von allein. Angesichts ihres Schicksals wäre es anmaßend, meine eigene „Übersiedlung" in den Fünften Kontinent mit ihren Auswanderungen zu vergleichen. Doch im Kontext zunehmender Globalisierung in Handel, Wirtschaft, Politik und Kultur sieht es so aus, als könnte auch der subjektive Blickwinkel gesellschaftlicher und individueller Entfremdung allmählich eine zunehmend umfassendere Gültigkeit gewinnen. Mittlerweile leben viele Deutsche in meiner neuen Heimat, die sich aus weniger dringlichen Gründen in diesem Land niedergelassen haben. Heinrich Heines persönliche Reflexionen aus dem Pariser Exil sind bekanntlich gerade durch ihre (nicht nur) vom Ausland auferlegte anti-romantische Sicht von nachhaltiger Wirkung gewesen. Ich bin kein Heine, wohl aber ein Heine-Verehrer.

Einige Gedichte sind dem inzwischen vergriffenen Band *innere sicherheit* entnommen, der 1979 im österreichischen Bläschke Verlag erschien. *Emigration* wurde (in deutscher und englischer Sprache) erstmals auf dem Internationalen Literaturfestival Berlin 2001 vorgestellt und in der von Ulrich Schreiber herausgegebenen Anthologie *Die Welt über dem Wasserspiegel,* Alexander

Verlag Berlin 2001 zweisprachig veröffentlicht. Mit Ausnahme dieser Erstveröffentlichungen sind alle hier aufgenommenen deutschsprachigen Gedichte in den Monaten Mai bis August 2008 entstanden – fast alle das Ergebnis schlafloser Nächte. „Denk ich an Deutschland in der Nacht . . .”

Manfred Jurgensen
Kangaroo Point, Brisbane, Queensland,
Australien, 2008

Inhalt

5 Vorwort

Flensburger Gedichte

10 Rückkehr nach Flensburg
11 Linie Eins
12 Fahrt ins Glück
13 Sommernachtstaufe im Neptunbrunnen
14 Konjunktur
15 Höfische Kultur
16 Stadt-Marathon
17 Aufklärung am Heilig-Geist-Gang
19 Liebeserklärung an die Flensburger
20 Die deutsch-dänische Grenze
21 Flensburg: Bild einer Stadt
23 Geisterstadt
24 Die große Welt
25 Provinz
26 „Germany Calling" oder
Die Moritat von Lord Haw-Haw
31 Marienhölzung 1945/1955
33 Hafenfähre
34 Vorfreude, Angelburger Straße 1958
35 Silvester 1966, Toosbüystraße 6
37 Flensburg 08,
die Germanistik-Version letzter Hand
38 Egon, die Osram Birne
41 Reichsadler Drogerie
43 Muse Schloß Glücksburg
44 Rat an die Touristen

45 Kaisers Kaffeegeschäft
47 Türken in Flensburg
48 Früher Morgen in Flensburg
49 Die Stadt
50 Altes Gymnasium

Kinderszenen

52 Vorschule
53 Theologie, Voigtschule (Erste Klasse 1948)
55 Das Kind, das von zu Hause weglief
61 Tapetenwechsel

Schwärmer

64 East Anglia
65 Cargo Cult und andere Visionen
66 Wiederholung
68 Ehrliche Seelsorge
69 Das letzte Wort. Ein Kreuzworträtsel
71 Der alte Glaube

Auszug und Heimkehr

74 Heimatgedicht
75 Versuch über Heimat
76 Schleswig
77 Heimkehr
78 Rückkehr, 1957
80 Meine Erinnerung
81 Emigration
82 Gefunden
83 Global
85 Abschied

86 An Theodor Storm
87 Flensburg, damals und heute
88 Segeln
89 Besuch bei Schulfreunden
91 Auf Kookaburra-Jagd

Zur Person

94 Bio-Stiche
98 Rip van Winkle
99 Das teuere Ü
100 Zu spät
102 Innere Sicherheit
103 Doch
105 Lebenslauf
106 Herbst
108 Seine Mutter und Elly Ney
110 Der Kritiker
111 Ein (nicht nur) musikalisches Mißverständnis
113 Kein Ort
114 Fluch der Phantasie
115 Das Geheimnis
116 Der Stammbau

Coda

118 Zugvögel
119 C'est fini
120 Der Tod
121 Alte Liebe
122 Abschiedsgruß
123 Wir oder *A Portrait of the Artist*

125 Nachtrag

130 Inhalt